让你终生受益的经典

# 三字经 百家姓 千字文 弟子规

（第2版）

毛晓 选编

金盾出版社

## 内 容 提 要

中华民族上下五千年，有深厚的文化积淀。“三字经”“百家姓”“千字文”“弟子规”就是具有哲理和知识的古代蒙学读本。我们的先人把格言谚语荟萃成书，朗朗上口，好读好记，既是识字读本，又是传授自然、社会、历史等方面知识，以及教儿童如何待人处事、如何做人的启蒙读物。本次重新修订，改变了开本，将其中的错误一一改正，尽可能地让这本书更好读、更好看。相信小读者会喜欢。

**图书在版编目(CIP)数据**

三字经 百家姓 千字文 弟子规/毛晓选编.—2 版.—北京：金盾出版社，2015.9（2016.8重印）
（让你终生受益的经典）
ISBN 978-7-5186-0357-2
Ⅰ.①三… Ⅱ.①毛… Ⅲ.①汉语—古代—启蒙读物 Ⅳ.①H194.1

中国版本图书馆 CIP 数据核字(2015)第 139674 号

编文、设计、排版人员：李建华 李 颖 何丽艳 刘 晨 马小宝 何 茹 郑京京 马海松 马海旺 王保平

**金盾出版社出版、总发行**
北京太平路 5 号（地铁万寿路站往南）
邮政编码：100036 电话：68214039 83219215
传真：68276683 网址：www.jdcbs.cn
封面印刷：北京印刷一厂
正文印刷：北京万博诚印刷有限公司
装订：北京万博诚印刷有限公司
各地新华书店经销
开本：880×1230 1/32 印张：5.625
2016 年 8 月第 2 版第 8 次印刷
印数：37 001～40 000 册 定价：18.00 元

# 前 言

中华民族上下五千年，有深厚的文化积淀。

《三字经》《百家姓》《千字文》《弟子规》就是富有哲理和知识的古代蒙学读本。我们的先人把格言、谚语荟萃成书，读起来朗朗上口，好读好记，既是识字读本，又是传授自然、社会、历史等方面知识，以及教儿童如何待人处事、如何做人的启蒙读物。

今天，让我们一起阅读经典，去其糟粕，取其精华，与古代先贤对话，让传统美德发扬，在阅读中增强民族自豪感和自信心。这就是我们编写本书的初衷。

# 目　录

# 三字经

Rén zhī chū, xìng běn shàn
人之初①，性本善。

Xìng xiāng jìn, xí xiāng yuǎn
性相近，习相远。

Gǒu bù jiào, xìng nǎi qiān
苟②不教，性乃③迁。

Jiào zhī dào, guì yǐ zhuān
教之道，贵以专。

**【注释】**

①初：此指人刚出生时。

②苟：如果。

③乃：于是。

**【译文】**

人刚出生时，天性本来是善良的，性情也都差不多。只是因为后天成长环境不同，彼此的习性才相差很远。如果对孩子管教不严格，善良的本性就会慢慢改变。教育孩子的关键是要求他们专心致志，持之以恒。

Xī Mèng mǔ, zé lín chǔ.

昔[①]孟母，择邻处。

Zǐ bù xué, duàn jī zhù.

子不学，断机杼[②]。

Dòu Yān shān, yǒu yì fāng.

窦燕山[③]，有义方[④]。

Jiào wǔ zǐ, míng jù yáng.

教五子，名俱扬。

【注释】

①昔：过去。

②机杼：机，织布机；杼，梭子。

③窦燕山：人名，五代时人。

④义方：善举。

【译文】

从前，孟子的母亲为了让孟子有一个好的学习环境，曾三次搬家。一次孟子逃学，孟母就折断织布机上的梭子来教导儿子。

五代时，燕山人窦禹钧有善举，他教育儿子很有方法。他的五个儿子都很有成就，科举考试成功，后来名扬天下。

Yǎng bù jiào, fù zhī guò

养不教，父之过①。

Jiào bù yán, shī zhī duò

教不严，师之惰②。

Zǐ bù xué, fēi suǒ yí

子不学，非所宜③。

Yòu bù xué, lǎo hé wéi

幼不学，老何为？

**【注释】**

①过：过错。

②惰：懒惰，此指失职。

③宜：应该。

**【译文】**

仅仅供养儿女吃穿而不好好教育，是父亲的过错；只是教育而不严格要求，做老师的就是失职。

小孩子不肯好好学习，是很不应该的。一个人倘若小时候不努力学习，到老的时候能有什么作为呢？

Yù bù zhuó，bù chéng qì。

玉不琢①，不成器。

Rén bù xué，bù zhī yì。

人不学，不知义②。

Wéi rén zǐ，fāng shào shí。

为人子，方③少时。

Qīn shī yǒu，xí lǐ yí。

亲④师友，习礼仪。

【注释】

①琢：雕刻，打磨。

②义：道义、道理。

③方：正当，正值。

④亲：亲近。

【译文】

玉不打磨雕刻，不会成为精美的器物。人不刻苦学习，就不懂得道理，不能成才。

做儿女的，从小就要懂得亲近老师和朋友，以便从他们那里学习到为人处事的礼节和知识。

Xiāng jiǔ líng, néng wēn xí.
香九龄，能温席。

Xiào yú qīn, suǒ dāng zhí.
孝于亲，所当执①。

Róng sì suì, néng ràng lí.
融四岁，能让梨。

Dì yú zhǎng, yí xiān zhī.
弟②于长，宜先知。

Shǒu xiào tì, cì jiàn wén.
首孝悌，次见③闻④。

【注释】

①执：做，执行。

②弟：同“悌”，指弟弟尊敬哥哥。

③见：看见。　　④闻：听到。

【译文】

东汉人黄香，九岁时就知道孝敬父亲，冬天用自己的身体替父亲暖被窝。孝顺父母，这是每个儿女都应该做的。

汉代人孔融，四岁时就知道把大的梨让给哥哥吃。这种尊敬兄长的道理，是每个人从小就应该明白的。

一个人首先要懂得孝敬父母和友爱兄弟的道理，其次就要增长自己的见闻。

Zhī mǒu shù, shí mǒu wén
知某数，识某文①。

Yī ér shí, shí ér bǎi
一而②十，十而百。

Bǎi ér qiān, qiān ér wàn
百而千，千而万。

Sān cái zhě, tiān dì rén
三才者，天地人。

Sān guāng zhě, rì yuè xīng
三光者，日月星。

**【注释】**

①文：指文理，文字。

②而：连词。

**【译文】**

要知道基本的算术和高深的数学，学会识字和阅读文章。我国采用十进位算术方法：十个一是十，十个十是一百，十个一百是一千，十个一千是一万。以此类推，无穷无尽。古书上所说的“三才”指的是天、地、人。“三光”指的是太阳、月亮、星星。

Sān gāng zhě, jūn chén yì
三纲①者，君臣义。

Fù zǐ qīn, fū fù shùn
父子亲，夫妇顺②。

Yuē chūn xià, yuē qiū dōng
曰春夏，曰秋冬。

Cǐ sì shí, yùn bù qióng
此四时，运③不穷④。

**【注释】**

①纲：纲领，法则。

②顺：和睦，圆满。

③运：运转，运行。

④穷：尽，尽头。

**【译文】**

“三纲”是人与人之间应该遵守的三个行为准则，就是君王与臣子的言行要合乎义理、父母与子女之间应相亲相爱、夫妻之间要和睦相处。

春、夏、秋、冬叫作四季。这四个季节不断变化，春去夏来，秋去冬来，如此循环往复，永不停止。

Yuē nán běi, yuē xī dōng

曰南北，曰西东。

Cǐ sì fāng, yìng hū zhōng

此四方，应乎中[1]。

Yuē shuǐ huǒ, mù jīn tǔ

曰水火，木金土。

Cǐ wǔ xíng, běn hū shù

此五行，本[2]乎数。

**【注释】**

①中：中央，中心。

②本：根本，起源。

**【译文】**

东、南、西、北叫作“四方”，是指各个方向的位置。这四个方位，必须以中央位置为基准，才能把各个方位定出来。

“五行”就是金、木、水、火、土。这是中国古代用来指称宇宙各种事物的抽象概念，根本来源于天数。

Yuē rén yì， lǐ zhì xìn

曰仁[1]义，礼智信。

Cǐ wǔ cháng， bù róng wěn

此五常，不容紊[2]。

Dào liáng shū， mài shǔ jì

稻粱菽[3]，麦黍[4]稷[5]。

Cǐ liù gǔ， rén suǒ shí

此六谷，人所食。

【注释】

①仁：有爱心。　②紊：混乱。

③菽：豆类的总称。

④黍：黍子，去皮后叫黄米。

⑤稷：谷物一类的粮食作物。

【译文】

如果所有的人都能以仁、义、礼、智、信作为处事的准则，每个人都应遵守，不疏忽，社会就会永葆祥和。

人们生活中的主食主要来自植物，其中的稻、粱、菽、麦、黍、稷统称“六谷”。这些是我们日常生活的不可或缺主食。

Mǎ niú yáng jī quǎn shǐ
马牛羊，鸡犬豕[1]。
Cǐ liù chù rén suǒ sì
此六畜，人所饲[2]。
Yuē xǐ nù yuē āi jù
曰喜怒，曰哀惧。
Ài wù yù qī qíng jù
爱恶欲，七情具[3]。

【注释】

①豕：猪。
②饲：喂养。
③具：具备。

【译文】

动物中的马、牛、羊、鸡、狗、猪，叫作“六畜”。这些动物本来都是野生的，后来被人们渐渐驯化饲养。

高兴叫喜，生气叫怒，难过叫哀，害怕叫惧，喜欢叫爱，讨厌叫恶，贪恋叫欲，合起来叫“七情”。这是人生下来就有的七种感情。

Páo tǔ gé mù shí jīn

匏[1]土革，木石金。

Sī yǔ zhú nǎi bā yīn

丝与竹，乃八音。

Gāo zēng zǔ fù ér shēn

高[2]曾[3]祖[4]，父而身[5]。

Shēn ér zǐ zǐ ér sūn

身而子，子而孙。

**【注释】**

①匏：匏瓜，可做乐器。

②高：曾祖父的父亲，即高祖父。

③曾：祖父的父亲，即曾祖父。

④祖：父亲的父亲，即祖父。

⑤身：自己。

**【译文】**

我国古代人把制造乐器的材料分为八种，即匏瓜、黏土、皮革、木材、石头、金属、丝线、竹子，用这八种材料制成的八类乐器被称为“八音”。

由高祖父生曾祖父，曾祖父生祖父，祖父生父亲，父亲生我，我生儿子，儿子再生孙子。

Zì zǐ sūn, zhì xuán zēng
自子孙，至玄曾①。

Nǎi jiǔ zú, rén zhī lún
乃九族，人之伦②。

Fù zǐ ēn, fū fù cóng
父子恩，夫妇从。

Xiōng zé yǒu, dì zé gōng
兄则友，弟则恭③。

**【注释】**

①至玄曾：孙之子称为曾孙，曾孙之子称为玄孙。

②伦：排列顺序。

③恭：恭敬。

**【译文】**

由儿子、孙子再接下去，就是曾孙和玄孙。从高祖父到玄孙称为“九族”，代表着人的长幼尊卑秩序和家庭血统的继承关系。

父亲与儿子之间要有恩情，夫妻之间的感情要和顺。哥哥对弟弟要友爱，弟弟对哥哥则要尊敬。

Zhǎng yòu xù, yǒu yǔ péng
长幼序[①]，友与朋。

Jūn zé jìng, chén zé zhōng
君则敬，臣则忠。

Cǐ shí yì, rén suǒ tóng
此十义，人所同。

Fán xùn méng, xū jiǎng jiu
凡训蒙[②]，须讲究。

Xiáng xùn gǔ, míng jù dòu
详训诂[③]，明句读。

**【注释】**

①序：次序。 ②训蒙：指儿童启蒙教育。

③训诂：解释古书字句的意义。

**【译文】**

年长的人和年幼的人交往要注意长幼尊卑的次序，朋友相处应该互相讲信用。如果君主能尊重臣子，臣子就会对他忠心耿耿。前面提到的十义：父慈、子孝、夫和、妻顺、兄友、弟恭、朋信、友义、君敬、臣忠，这是人人都应该遵守的。

凡是教导刚入学的儿童，必须把每个字都讲清楚，每句话都要解释明白，并且使学童读书时懂得断句。

Wéi xué zhě bì yǒu chū
为学者，必有初①。

Xiǎo xué zhōng zhì sì shū
《小学》②终，至“四书”③。

Lún yǔ zhě èr shí piān
《论语》④者，二十篇。

Qún dì zǐ jì shàn yán
群弟子，记善言。

【注释】

①初：开始。

②《小学》：书名，宋人朱熹著。

③“四书”：指《论语》《孟子》《大学》《中庸》这四部书。

④论语：孔子传道之书。论是议论，语是答话。

【译文】

作为一个求学的人，求学的初期应该打好基础，首先要读朱熹的《小学》，然后才可以读“四书”。

《论语》这本书共有二十篇，是孔子的弟子们对孔子精辟的言论、思想的记录。

Mèng zǐ zhě qī piān zhǐ
《孟 子①》者，七 篇 止②。

Jiǎng dào dé shuō rén yì
讲 道 德，说 仁 义。

Zuò zhōng yōng Zǐ Sī bǐ
作《中 庸》，子 思 笔。

Zhōng bù piān yōng bù yì
中 不 偏③，庸 不 易④。

**【注释】**

①《孟子》：书名，孟子著。

②止：结束。

③偏：不正。

④易：改变。

**【译文】**

《孟子》这本书是孟轲所写，共有七篇。内容是有关品行修养、发扬道德仁义的言论。

《中庸》这本书的作者是孔子的孙子子思。《中庸》讲述的是不偏不倚，不要太过，也不要不及的永不改变的天下至理。

Zuò dà xué nǎi Zēng zǐ

作《大学》①，乃曾子。

Zì xiū qí zhì píng zhì

自修齐②，至平治③。

Xiào jīng tōng sì shū shú

《孝经》④通，“四书”熟。

Rú liù jīng shǐ kě dú

如“六经”，始可读。

## 【注释】

①《大学》：书名，孔子学生曾参著。

②修齐：修身齐家。

③平治：治国平天下。

④《孝经》：书名。

## 【译文】

《大学》这本书的作者是孔子的学生曾参，他提出了“修身齐家治国平天下”的为人立世的主张。

《孝经》的道理弄明白了，把“四书”读熟了，才可以去读“六经”这样深奥的书。

Shī shū yì lǐ chūn qiū
《诗》《书》《易》，《礼》①《春秋》。

Hào liù jīng dāng jiǎng qiú
号“六经”，当讲求。

Yǒu lián shān yǒu guī cáng
有《连山》②，有《归藏》③。

Yǒu Zhōu yì sān yì xiáng
有《周易》④，三易详。

**【注释】**

①《礼》：指《礼记》、《周礼》两本书。

②《连山》③《归藏》④《周易》：均为我国古书名。



**【译文】**

《诗经》《尚书》《易经》《礼记》《周礼》《春秋》总称六经，这是中国古代儒家的重要经典，应当仔细阅读。

《连山》《归藏》《周易》是我国古代的三部书，合称“三易”。“三易”是用“卦”的形式来说明宇宙间万事万物循环变化的道理的，应认真研读。

Yǒu diǎn mó yǒu xùn gào
有典①谟②，有训③诰④。

Yǒu shì mìng shū zhī ào
有誓⑤命⑥，书之奥⑦。

Wǒ Zhōu gōng zuò Zhōu lǐ
我周公⑧，作《周礼》⑨。

Zhù liù guān cún zhì tǐ
著六官，存治体。

**【注释】**

①典②谟③训④诰⑤誓⑥命：都是古代文体形式。

⑦奥：深奥。

⑧周公：姓姬名旦，周文王的儿子。

⑨《周礼》：书名，周公著。

⑩六官：天官、地官、春官、夏官、秋官、冬官。

**【译文】**

《尚书》是指上古到西周的文献汇集，义理很深奥。它的内容分六个部分：一典，即立国的基本原则；二谟，即治国计划；三训，即大臣的态度；四诰，即国君的通告；五誓，即起兵的文告；六命，即国君的命令。

周公著了《周礼》，记载着当时六官的官制以及国家的组成情况。

Dà xiǎo Dài zhù lǐ jì
大小戴①，注《礼记》。

Shù shèng yán lǐ yuè bèi
述圣言，礼乐备②。

Yuē guó fēng yuē yǎ sòng
曰《国风》，曰《雅》《颂》。

Hào sì shī dāng fěng yǒng
号“四诗”，当讽咏③。

【注释】

①大小戴：指西汉大儒戴德和侄子戴圣。

②备：齐备。

③讽咏：有感情、有节奏地诵读。

【译文】

戴德和戴圣整理并且注释了《礼记》，这使后代人知道了前代的典章制度和有关礼乐的情形。

《诗经》分为《国风》《大雅》《小雅》《颂》，合称“四诗”。它是内容丰富、感情深切的诗歌，值得后人去诵读吟咏。

Shī jì wáng Chūn qiū zuò
《诗》既亡，《春秋》作。

Yù bāo biǎn bié shàn è
寓褒贬①，别善恶。

Sān zhuàn zhě yǒu Gōng yáng
三传者，有公羊②。

Yǒu Zuǒ shì yǒu Gǔ liáng
有左氏③，有穀梁④。

**【注释】**

①褒贬：褒，表扬；贬，批评。

②公羊：公羊高。

③左氏：左丘明。

④ 穀梁：穀梁赤。

**【译文】**

由于周朝的衰落，《诗经》也就跟着被冷落了，有些诗佚失了。后来，孔子就作了《春秋》，这本书隐含着对现实政治的褒贬以及对善恶行为的分辨。

“三传”就是公羊高所著的《公羊传》、左丘明所著的《左传》和穀梁赤所著的《穀梁传》，都是解释《春秋》的书。

Jīng jì míng，fāng dú zǐ。
经既①明，方读子。

Cuō qí yào，jì qí shì。
撮②其要，记其事。

Wǔ zǐ zhě，yǒu Xún Yáng。
五子者，有荀扬。

Wén zhōng zǐ，jí Lǎo Zhuāng。
文中子，及老庄。

【注释】

①既：已经。

②撮：摘取，提取。

【译文】

经传都读熟了，然后读诸子百家的书。读时要归纳要点，并且要记住书中的事例。

“五子”是指荀子、扬子、文中子、老子、庄子。他们所写的书被称为子书。

Jīng zǐ tōng, dú zhū shǐ

经子通，读诸史①。

Kǎo shì xì, zhī zhōng shǐ

考世系②，知终始。

Zì Xī Nóng, zhì Huáng dì

自羲农，至黄帝。

Hào sān huáng, jū shàng shì

号“三皇”，居上世。

【注释】

①史：史书。

②世系：家族传承的谱系。

【译文】

经书和子书读熟了以后，再读史书。读史时，必须弄清楚各朝各代的世系，明白他们盛衰的原因，才能从历史中吸取教训。

自伏羲氏、神农氏到黄帝轩辕氏，这三位上古时代的帝王都勤政爱民、非常伟大，被后人尊称为“三皇”。

Táng yǒu Yú hào èr dì
唐有虞，号“二帝”。

Xiāng yī xùn chēng shèng shì
相揖逊[1]，称盛世。

Xià yǒu Yǔ Shāng yǒu Tāng
夏有禹，商有汤。

Zhōu Wén Wǔ chēng sān wáng
周文武，称“三王”。

【注释】

①逊：让，退位。

【译文】

黄帝之后，有唐尧和虞舜两位帝王。尧认为自己的独生子不肖，而把帝位传给了德才兼备的舜。在两位帝王治理下，天下太平。后人将那个时代称为盛世。

夏朝的开国君主是禹，商朝的开国君王是汤，周朝的开国君主是文王和武王。这几个德才兼备的君王被后人称为“三王”。

Xià chuán zǐ, jiā tiān xià

夏传子，家天下①。

Sì bǎi zǎi, qiān Xià shè

四百载，迁夏社②。

Tāng fá Xià, guó hào Shāng

汤伐夏，国号商。

Liù bǎi zǎi, zhì Zhòu wáng

六百载，至纣③亡。

【注释】

①家天下：夏以前是禅让制，自夏开始世袭制。夏禹不传贤而传子，就是家天下。

②社：社稷，原指古代君主所祭祀的土地神和谷神，后来用作国家的代称。

③纣：商纣王，商朝末代君主，残暴荒淫。

【译文】

禹把帝位传给自己的儿子，从此天下就成为一个家族所有了。经过四百多年，夏被汤灭掉，从而结束了夏的统治。

商汤起兵灭夏，建立商朝。商朝前后延续六百多年，到纣王时灭亡。

Zhōu Wǔ wáng, shǐ zhū Zhòu

周武王，始诛①纣。

Bā bǎi zǎi, zuì cháng jiǔ

八百载，最长久。

Zhōu zhé dōng, wáng gāng zhuì

周辙②东，王纲坠。

Chěng gān gē, shàng yóu shuì

逞③干戈，尚④游说。

**【注释】**

①诛：杀死（有罪的人）。

②辙：此指迁移。

③逞：显示，炫耀。

④尚：推崇。

**【译文】**

周武王起兵灭掉商朝，杀死纣王，建立周朝。周朝的历史最长，一共延续了八百多年。

自从周平王东迁国都后，对诸侯的控制力就越来越弱了。诸侯国之间时常发生战争，而游说之风也开始盛行。

Shǐ Chūn qiū, zhōng Zhàn guó.
始春秋，终战国。

Wǔ bà qiáng, qī xióng chū.
五霸强，七雄出。

Yíng Qín shì, shǐ jiān bìng.
嬴秦氏[①]，始兼并。

Chuán èr shì, Chǔ Hàn zhēng.
传二世[②]，楚汉[③]争。

## 【注释】

①嬴秦氏：指秦始皇嬴政。

②二世：名胡亥，秦始皇的儿子。

③楚汉：楚，西楚霸王项羽；汉，汉高祖刘邦。

## 【译文】

东周分为两个阶段，前期称为春秋时期，后期称为战国时期。春秋时的齐桓公、宋襄公、晋文公、秦穆公、楚庄王史称“五霸”。战国的“七雄”分别为齐、楚、燕、韩、赵、魏、秦。

战国末年，秦国的势力日渐强大，秦王嬴政把其他诸侯国都灭掉了，建立了统一的秦朝。秦二世胡亥统治时期，天下又开始大乱，最后形成楚汉相争的局面。

Gāo zǔ xīng, Hàn yè jiàn

高祖[1]兴，汉业建。

Zhì Xiào píng, Wáng Mǎng cuàn

至孝平，王莽篡[2]。

Guāng wǔ xīng, wéi Dōng Hàn

光武[3]兴，为东汉。

Sì bǎi nián, zhōng yú Xiàn

四百年，终于献[4]。

【注释】

①高祖：汉高祖刘邦。

②篡：用不正当手段夺取。

③光武：汉光武帝刘秀。

④献：汉献帝。

【译文】

汉高祖刘邦兴起，建立汉朝。到了汉孝平帝时，就被王莽篡夺了王位。

汉光武帝刘秀消灭王莽，恢复国号为汉，史称东汉。西汉、东汉两个时期共延续四百年，到汉献帝的时候灭亡。

Wèi Shǔ Wú, zhēng Hàn dǐng
魏蜀吴，争汉鼎①。

Hào sān guó, qì Liǎng Jìn
号三国，迄②两晋。

Sòng Qí jì, Liáng Chén chéng
宋齐继，梁陈承。

Wéi Nán cháo, dū Jīn líng
为南朝③，都金陵④。

【注释】

①鼎：古代为传国的宝器，比喻王位、帝业。

②迄：到。

③南朝：宋、齐、梁、陈都建都南京，史称南朝。

④金陵：南京。

【译文】

东汉末年，魏国、蜀国、吴国争夺天下，形成三国鼎立的局面。后来魏国灭了蜀国和吴国，但被司马炎篡夺了帝位，建立了晋朝。晋又分为东晋和西晋两个时期。

晋朝衰亡，宋、齐相继建立，梁、陈接着建国，史称南朝，国都建在金陵。

Běi Yuán Wèi　fēn dōng xī
北①元魏，分东西。

Yǔ wén Zhōu　yǔ Gāo Qí
宇文周，与高齐。

Dài zhì Suí　yī tǔ yǔ
迨②至隋③，一土宇④。

Bù zài chuán　shī tǒng xù
不再传，失统绪⑤。

**【注释】**

①北：指北朝。 ②迨：等到。

③隋：隋文帝杨坚。

④一土宇：统一天下。

⑤失统绪：失去帝业。

**【译文】**

北朝先是元魏，元魏后来分裂成东魏和西魏，西魏被宇文觉篡了位，建立了北周；东魏被高洋篡了位，建立了北齐。

后来，杨坚重新统一了中国，建立了隋朝，历史上称为隋文帝。他的儿子隋炀帝杨广即位后，荒淫无道，隋朝很快就灭亡了。

Táng Gāo zǔ, qǐ yì shī
唐高祖，起义师[1]。

Chú Suí luàn, chuàng guó jī
除隋乱，创[2]国基。

Èr shí chuán, sān bǎi zǎi
二十传，三百载。

Liáng miè zhī, guó nǎi gǎi
梁灭之，国乃[3]改。

【注释】

①义师：伸张正义的军队。

②创：开创。

③乃：于是。

【译文】

唐高祖李渊起兵反隋，最后隋朝灭亡。他战胜了各路的反隋义军，取得了天下，建立了唐朝，开创了唐王朝的基业。

唐朝的统治近三百年，总共传了二十位皇帝。到唐末被篡位，建立了梁朝，唐朝从此灭亡。

Liáng Táng Jìn jí Hàn Zhōu

梁唐晋，及汉周。

Chēng Wǔ dài jiē yǒu yóu

称五代①，皆有由②。

Yán Sòng xīng shòu Zhōu shàn

炎宋兴，受周禅。

Shí bā chuán nán běi hùn

十八传，南北③混。

【注释】

①五代：五个朝代，指唐朝以后的梁、唐、晋、汉、周五代。

②由：理由、原因。

③南北：南宋和北宋。

【译文】

后梁、后唐、后晋、后汉、后周五个朝代的更替时期，历史上称作“五代”。这五个朝代的兴衰都有着一定的历史原因。

赵匡胤接受了后周“禅让”的帝位，建立了宋朝。宋朝相传了十八个皇帝，分为北宋和南宋两个时期。

Liáo yǔ Jīn, dì hào fēn

辽与金，帝号纷。

Dài miè Liáo, Sòng yóu cún

迨灭辽，宋犹存。

Zhì Yuán xīng, Jīn xù xiē

至元兴，金绪[1]歇。

Yǒu Sòng shì, yì tóng miè

有宋世，一同灭。

## 【注释】

①绪：国运。

## 【译文】

与宋朝同时存在的还有辽国与金国，他们的首领也号称皇帝。等到金国消灭了辽国时，宋朝依然存在。

后来，元朝兴起，消灭了金国，宋朝也被灭掉了。

Lì zhōng guó jiān Róng Dí

莅①中国，兼戎狄②。

Jiǔ shí nián guó zuò fèi

九十年，国祚③废。

Míng Tài zǔ jiǔ qīn shī

明太祖④，久亲师。

Chuán Jiàn wén fāng sì sì

传建文⑤，方四祀。

**【注释】**

①莅：到。

②戎狄：古代称西部民族为戎，称北部民族为狄。

③祚：帝位。

④明太祖：指朱元璋。

⑤建文：指建文帝。

**【译文】**

蒙古人入主中原，征服了各少数民族，建立了统一的元帝国。然而，它只维持了短短九十年，就被农民起义军推翻，元朝政权覆灭了。

明太祖朱元璋长期亲自率军征战，终于建立了明王朝。当帝位传到建文帝手上，他只当了四年皇帝就被朱棣赶下皇位。

Qiān Běi jīng, Yǒng lè sì
迁北京，永乐嗣[1]。
Dài Chóng zhēn, Méi Shān shì
迨崇祯，煤山逝。
Niàn èr shǐ, quán zài zī
廿[2]二史，全在兹[3]。
Zǎi zhì luàn, zhī xīng shuāi
载治乱，知兴衰。

【注释】

①嗣：继承。

②廿：二十。

③兹：这，此。

【译文】

朱棣登上皇位，年号永乐，他把国都迁到北京。最后一个皇帝崇祯，因为农民起义，被迫在燕（北京）煤山上吊自杀，明朝灭亡。

二十二史叙述了从上古以来的古今历史，我们通过历史的记载，可以了解各朝各代的治乱兴衰。

Dú shǐ zhě, kǎo shí lù
读史者，考实录。

Tōng gǔ jīn, ruò qīn mù
通①古今，若②亲目③。

Kǒu ér sòng, xīn ér wéi
口而诵，心而惟④。

Zhāo yú sī, xī yú sī
朝于斯⑤，夕于斯。

【注释】

①通：了解。
②若：好像。
③目：看。
④惟：思考。
⑤斯：这。

【译文】

读历史的人应该更进一步地去翻阅历史资料，了解古往今来事情的真相，就像自己亲眼看见一样。

读书时，口中要念诵，心中要思考，领悟其中的道理。每天早晚都要勤奋学习，才能学好。

Xī Zhòng ní shī Xiàng Tuó

昔仲尼①，师项橐②。

Gǔ shèng xián shàng qín xué

古圣贤，尚勤学。

Zhào zhōng lìng dú Lǔ lún

赵中令③，读鲁论④。

Bǐ jì shì xué qiě qín

彼既仕，学且勤。

【注释】

①仲尼：孔子名丘，字仲尼，春秋时代鲁国人。

②项橐：相传孔子曾向七岁的项橐学琴艺。

③赵中令：赵普，曾任中书令。

④鲁论：即《论语》。

【译文】

从前，孔子是个十分好学的人。当时，鲁国有一位神童名叫项橐，孔子就曾向他学习。像孔子这样伟大的圣贤，尚且不忘勤学，更何况普通人呢？

宋朝时的赵普当上了中书令，还天天手不释卷地阅读《论语》，不因为自己已经当上高官而忘记勤奋学习。

Pī pú biān xiāo zhú jiǎn

披蒲编①，削竹简②。

Bǐ wú shū qiě zhī miǎn

彼无书，且知勉。

Tóu xuán liáng zhuī cì gǔ

头悬梁③，锥刺股④。

Bǐ bù jiào zì qín kǔ

彼不教，自勤苦。

【注释】

①蒲编：用蒲草做的书。

②竹简：竹子削成竹片，用来写字。

③梁：指房梁。

④股：大腿。

【译文】

西汉时，路温舒把文字抄在蒲草编成的席子上阅读。公孙弘将《春秋》写在竹子削成的竹片上来诵读。他们虽然买不起书，但都不忘勤奋学习。

晋朝的孙敬夜晚读书时，把自己的头发悬挂在屋梁上，以免打瞌睡。战国时，苏秦读书，每到疲倦时就用锥子刺大腿。他们不用别人督促而能自觉勤奋苦读。

Rú náng yíng, rú yìng xuě
如囊萤[①]，如映雪。

Jiā suī pín, xué bù chuò
家虽贫，学不辍[②]。

Rú fù xīn, rú guà jiǎo
如负薪[③]，如挂角[④]。

Shēn suī láo, yóu kǔ zhuó
身虽劳，犹苦卓[⑤]。

【注释】

①囊萤：用袋子装萤火虫。

②辍：停止。　③负薪：负，背；薪，柴草。

④角：牛角。

⑤卓：卓越，超出一般。

【译文】

晋朝人车胤，家中贫寒，夜读时无油点灯，于是把萤火虫放在纱袋里照明读书。孙康家没有灯，夜晚利用雪地的反光来读书。他们两人并没有因为家境贫苦而辍学。

汉朝的朱买臣以砍柴维持生活，每天边担柴边读书。隋朝的李密放牛时，把书挂在牛角上，有时间就读。他们虽然身体很劳累，但在艰苦的环境里仍坚持不懈，后来都大有成就。

Sū lǎo quán èr shí qī
苏老泉①，二十七。
Shǐ fā fèn dú shū jí
始发愤，读书籍。
Bǐ jì lǎo yóu huǐ chí
彼既②老，犹悔迟。
Ěr xiǎo shēng yí zǎo sī
尔③小生④，宜早思。

【注释】

①苏老泉：苏洵，号老泉。
②既：已经。
③尔：你，你们。
④小生：年轻人。

【译文】

唐宋八大家之一的苏洵，小时候不想念书，到了二十七岁，才开始下决心努力学习，后来成了大学问家。

像苏老泉上了年纪，才后悔当初没好好读书。你们这些年轻人，更应该把握大好时光，发奋读书。

Ruò Liáng Hào bā shí èr
若①梁灏，八十二。

Duì dà tíng kuí duō shì
对大廷，魁②多士。

Bǐ jì chéng zhòng chēng yì
彼既成，众称异。

Ěr xiǎo shēng yí lì zhì
尔小生，宜立志。

## 【注释】

①若：如。

②魁：第一名。

## 【译文】

生于五代的梁灏，八十二岁时在朝廷进士考试中对答如流，中了状元。梁灏这么大年纪尚能获得成功，使大家感到惊异。你们应该趁着年轻的时候，立定志向，努力用功，一定会前途无量。

Yíng bā suì，néng yǒng shī

莹八岁，能咏①诗。

Mì qī suì，néng fù qí

泌七岁，能赋棋。

Bǐ yǐng wù，rén chēng qí

彼颖②悟③，人称奇。

Ěr yòu xué，dāng xiào zhī

尔幼学，当效④之。

**【注释】**

①咏：吟唱，吟诵。②颖：聪明。

③悟：领悟。④效：效仿。

**【译文】**

北齐有个叫祖莹的人，八岁就能吟诗，后来当了秘书监著作郎。唐朝有个叫李泌的人，七岁时就能以下棋为题作出诗赋。

他们两个人的聪明才智，当时的人都称神奇。现在，你们正是求学的时候，应该效法他们，从小努力学习，多读书，勤思考。

Cài wén jī， néng biàn qín
蔡文姬[1]，能辨琴。

Xiè Dào yùn， néng yǒng yín
谢道韫[2]，能咏吟。

Bǐ nǚ zǐ， qiě cōng mǐn
彼女子，且聪敏。

Ěr nán zǐ， dāng zì jǐng
尔男子，当自警[3]。

【注释】

①蔡文姬：汉朝著名文学家蔡邕的女儿。

②谢道韫：晋朝著名才女，小时能吟诗作对。

③警：警醒。

【译文】

东汉末年的蔡文姬年龄很小时就能分辨琴声好坏，晋朝的才女谢道韫很小就能出口成诗。

像这样的两个女子，一个懂音乐，一个会作诗，天资如此聪慧。身为男子汉，更要时时用她们的故事来警示鞭策自己。

Táng Liú Yàn　fāng qī suì
唐刘晏，方七岁。

Jǔ shén tóng　zuò zhèng zì
举神童，作正字①。

Bǐ suī yòu　shēn yǐ shì
彼虽幼，身已仕。

Ěr yòu xué　miǎn ér zhì
尔幼学，勉而致。

Yǒu wéi zhě　yì ruò shì
有为者，亦若是。

【注释】

①正字：官名。

【译文】

唐朝有一个名叫刘晏的小孩子，年方七岁就被推举为神童，并且做了负责勘正文字的官。

刘晏虽然年纪小，但已经做了官，担当起国家赋予他的重任。你们这些幼童，要想成为一个有用的人，只要从小勤奋好学，也可以像刘晏一样成为对国家有用的人才。

Quǎn shǒu yè, jī sī chén
犬守夜，鸡司[1]晨。
Gǒu bù xué, hé wéi rén
苟不学，曷[2]为人？
Cán tǔ sī, fēng niàng mì
蚕吐丝，蜂酿蜜。
Rén bù xué, bù rú wù
人不学，不如物[3]。

【注释】

①司：掌管。

②曷：怎么。

③物：此指小动物。

【译文】

狗在夜间替人看守家门，鸡在每天早晨天亮时报晓。人如果不能用心学习，迷迷糊糊过日子，有什么资格称为人呢？

蚕吐的丝可供我们做衣服，蜜蜂酿制的蜂蜜可供人们食用。而人要是不懂得学习，不能以知识、技能来实现自己的价值，简直连这些小动物都不如。

Yòu ér xué, zhuàng ér xíng
幼而学，壮①而行。

Shàng zhì jūn, xià zé mín
上致君，下泽②民。

Yáng míng shēng, xiǎn fù mǔ
扬名声，显③父母。

Guāng yú qián, yù yú hòu
光于前，裕④于后。

【注释】

①壮：壮年。

②泽：施恩惠。

③显：显耀。

④裕：富裕，这里指使……得到富足恩惠。

【译文】

我们要在幼年时就努力学习，长大后才能学以致用，上可替国家效力，下可为人民谋福利。

如果你为人民作出应有的贡献，人民就会赞扬你，而且父母也会以你为荣，既给祖先增添了光彩，也给人民留下了恩惠。

Rén yí zǐ jīn mǎn yíng

人遗①子，金满籯。

Wǒ jiào zǐ wéi yī jīng

我教子，唯一经。

Qín yǒu gōng xì wú yì

勤有功，戏②无益。

Jiè zhī zāi yí miǎn lì

戒③之哉，宜勉力。

【注释】

①遗：留下。

②戏：玩乐。

③戒：防备。

【译文】

有的人给子孙后代遗留的是满箱的金银财宝。而我只以一部经书教育孩子，希望他们能勤于读书，长大后做个有所作为的人。

反复讲了许多道理，只是告诉孩子们，凡是勤奋上进的人，都会有好的收获。而只顾贪玩，浪费了大好时光是一定会后悔的。在这里告诫大家，希望大家勤奋努力。

# 百家姓

| Zhào | Qián | Sūn | Lǐ |
| --- | --- | --- | --- |
| 赵 | 钱 | 孙 | 李 |

| Zhōu | Wú | Zhèng | Wáng |
| --- | --- | --- | --- |
| 周 | 吴 | 郑 | 王 |

| Féng | Chén | Chǔ | Wèi |
| --- | --- | --- | --- |
| 冯 | 陈 | 褚 | 卫 |

| Jiǎng | Shěn | Hán | Yáng |
| --- | --- | --- | --- |
| 蒋 | 沈 | 韩 | 杨 |

| Zhū | Qín | Yóu | Xǔ |
| --- | --- | --- | --- |
| 朱 | 秦 | 尤 | 许 |

| Hé | Lǚ | Shī | Zhāng |
| --- | --- | --- | --- |
| 何 | 吕 | 施 | 张 |

| Kǒng | Cáo | Yán | Huà |
| --- | --- | --- | --- |
| 孔 | 曹 | 严 | 华 |

| Jīn | Wèi | Táo | Jiāng |
| --- | --- | --- | --- |
| 金 | 魏 | 陶 | 姜 |

| Qī | Xiè | Zōu | Yù |
| --- | --- | --- | --- |
| 戚 | 谢 | 邹 | 喻 |

| Bǎi | Shuǐ | Dòu | Zhāng |
| --- | --- | --- | --- |
| 柏 | 水 | 窦 | 章 |

| Yún | Sū | Pān | Gě |
| --- | --- | --- | --- |
| 云 | 苏 | 潘 | 葛 |

| Xī | Fàn | Péng | Láng |
| --- | --- | --- | --- |
| 奚 | 范 | 彭 | 郎 |

| Lǔ | Wéi | Chāng | Mǎ |
|---|---|---|---|
| 鲁 | 韦 | 昌 | 马 |

| Miáo | Fèng | Huā | Fāng |
|---|---|---|---|
| 苗 | 凤 | 花 | 方 |

| Yú | Rén | Yuán | Liǔ |
|---|---|---|---|
| 俞 | 任 | 袁 | 柳 |

| Fēng | Bào | Shǐ | Táng |
|---|---|---|---|
| 酆 | 鲍 | 史 | 唐 |

| Fèi | Lián | Cén | Xuē |
|---|---|---|---|
| 费 | 廉 | 岑 | 薛 |

| Léi | Hè | Ní | Tāng |
|---|---|---|---|
| 雷 | 贺 | 倪 | 汤 |

| Téng | Yīn | Luó | Bì |
|---|---|---|---|
| 滕 | 殷 | 罗 | 毕 |

| Hǎo | Wū | Ān | Cháng |
|---|---|---|---|
| 郝 | 邬 | 安 | 常 |

(lè)

| Yuè | Yú | Shí | Fù |
|---|---|---|---|
| 乐 | 于 | 时 | 傅 |

| Pí | Biàn | Qí | Kāng |
|---|---|---|---|
| 皮 | 卞 | 齐 | 康 |

| Wǔ | Yú | Yuán | Bǔ |
|---|---|---|---|
| 伍 | 余 | 元 | 卜 |

| Gù | Mèng | Píng | Huáng |
|---|---|---|---|
| 顾 | 孟 | 平 | 黄 |

| Hé | Mù | Xiāo | Yǐn |
|---|---|---|---|
| 和 | 穆 | 萧 | 尹 |

| Yáo | Shào | Zhàn | Wāng |
|---|---|---|---|
| 姚 | 邵 | 湛 | 汪 |

| Qí | Máo | Yǔ | Dí |
|---|---|---|---|
| 祁 | 毛 | 禹 | 狄 |

| Mǐ | Bèi | Míng | Zāng |
|---|---|---|---|
| 米 | 贝 | 明 | 臧 |

| Jì | Fú | Chéng | Dài |
|---|---|---|---|
| 计 | 伏 | 成 | 戴 |

| Tán | Sòng | Máo | Páng |
|---|---|---|---|
| 谈 | 宋 | 茅 | 庞 |

| Xióng | (Jì) Jǐ | Shū | Qū |
|---|---|---|---|
| 熊 | 纪 | 舒 | 屈 |

| Xiàng | Zhù | Dǒng | Liáng |
|---|---|---|---|
| 项 | 祝 | 董 | 梁 |

| Dù | Ruǎn | Lán | Mǐn |
|---|---|---|---|
| 杜 | 阮 | 蓝 | 闵 |

| Xí | Jì | Má | Qiáng |
|---|---|---|---|
| 席 | 季 | 麻 | 强 |

| Jiǎ | Lù | Lóu | Wēi |
|---|---|---|---|
| 贾 | 路 | 娄 | 危 |

| Jiāng | Tóng | Yán | Guō |
|---|---|---|---|
| 江 | 童 | 颜 | 郭 |

| Méi | Shèng | Lín | Diāo |
|---|---|---|---|
| 梅 | 盛 | 林 | 刁 |

| Zhōng | Xú | Qiū | Luò |
|---|---|---|---|
| 钟 | 徐 | 邱 | 骆 |

| Gāo | Xià | Cài | Tián |
|---|---|---|---|
| 高 | 夏 | 蔡 | 田 |

| Fán | Hú | Líng | Huò |
|---|---|---|---|
| 樊 | 胡 | 凌 | 霍 |

| Yú | Wàn | Zhī | Kē |
|---|---|---|---|
| 虞 | 万 | 支 | 柯 |

| Zǎn | Guǎn | Lú | Mò |
|---|---|---|---|
| 昝 | 管 | 卢 | 莫 |

| Jīng | Fáng | Qiú | Miào |
|---|---|---|---|
| 经 | 房 | 裘 | 缪 |

| Gān | Xiè | Yīng | Zōng |
|---|---|---|---|
| 干 | 解 | 应 | 宗 |

| Dīng | Xuān | Bēn | Dèng |
|---|---|---|---|
| 丁 | 宣 | 贲 | 邓 |

| Yù | Shàn (Dān) | Háng | Hóng |
|---|---|---|---|
| 郁 | 单 | 杭 | 洪 |

| Bāo | Zhū | Zuǒ | Shí |
|---|---|---|---|
| 包 | 诸 | 左 | 石 |

| Cuī | Jí | Niǔ | Gōng |
|---|---|---|---|
| 崔 | 吉 | 钮 | 龚 |

| Chéng | Jī | Xíng | Huá |
|---|---|---|---|
| 程 | 嵇 | 邢 | 滑 |

| Péi | Lù | Róng | Wēng |
|---|---|---|---|
| 裴 | 陆 | 荣 | 翁 |

| Xún | Yáng | Yū | Huì |
|---|---|---|---|
| 荀 | 羊 | 於 | 惠 |

| Zhēn | Qū | Jiā | Fēng |
|---|---|---|---|
| 甄 | 曲 | 家 | 封 |

| Ruì | Yì | Chǔ | Jìn |
|---|---|---|---|
| 芮 | 羿 | 储 | 靳 |

| Jí | Bǐng | Mí | Sōng |
|---|---|---|---|
| 汲 | 邴 | 糜 | 松 |

| Jǐng | Duàn | Fù | Wū |
|---|---|---|---|
| 井 | 段 | 富 | 巫 |

| Wū | Jiāo | Bā | Gōng |
|---|---|---|---|
| 乌 | 焦 | 巴 | 弓 |

| Mù | （Wěi）Kuí | Shān | Gǔ |
|---|---|---|---|
| 牧 | 隗 | 山 | 谷 |

| Chē | Hóu | （Fú）Mì | Péng |
|---|---|---|---|
| 车 | 侯 | 宓 | 蓬 |

| Quán | Xī | Bān | Yǎng |
|---|---|---|---|
| 全 | 郗 | 班 | 仰 |

| Qiū | Zhòng | Yī | Gōng |
|---|---|---|---|
| 秋 | 仲 | 伊 | 宫 |

| | | | | | (Dǒu) | | |
|---|---|---|---|---|---|---|---|
| Níng | Qiú | Luán | Bào | Gān | Tǒu | Lì | Róng |
| 宁 | 仇 | 栾 | 暴 | 甘 | 钭 | 厉 | 戎 |

| Zǔ | Wǔ | Fú | Liú | Jǐng | Zhān | Shù | Lóng |
|---|---|---|---|---|---|---|---|
| 祖 | 武 | 符 | 刘 | 景 | 詹 | 束 | 龙 |

| Yè | Xìng | Sī | Sháo | Gào | Lí | Jì | Bó |
|---|---|---|---|---|---|---|---|
| 叶 | 幸 | 司 | 韶 | 郜 | 黎 | 蓟 | 薄 |

| Yìn | Sù | Bái | Huái | Pú | Tái | Cóng | È |
|---|---|---|---|---|---|---|---|
| 印 | 宿 | 白 | 怀 | 蒲 | 邰 | 从 | 鄂 |

| Suǒ | Xián | Jí | Lài | Zhuó | Lìn | Tú | Méng |
|---|---|---|---|---|---|---|---|
| 索 | 咸 | 籍 | 赖 | 卓 | 蔺 | 屠 | 蒙 |

| Chí | Qiáo | Yīn | Yù | Xū | Nài | Cāng | Shuāng |
|---|---|---|---|---|---|---|---|
| 池 | 乔 | 阴 | 郁 | 胥 | 能 | 苍 | 双 |

（Dí）

| Wén | Shēn | Dǎng | Zhái | Tán | Gòng | Láo | Páng |
|---|---|---|---|---|---|---|---|
| 闻 | 莘 | 党 | 翟 | 谭 | 贡 | 劳 | 逄 |

| Jī | Shēn | Fú | Dǔ | Rǎn | Zǎi | Lì | Yōng |
|---|---|---|---|---|---|---|---|
| 姬 | 申 | 扶 | 堵 | 冉 | 宰 | 郦 | 雍 |

| Xì | Qú | Sāng | Guì | Pú | Niú | Shòu | Tōng |
|---|---|---|---|---|---|---|---|
| 郤 | 璩 | 桑 | 桂 | 濮 | 牛 | 寿 | 通 |

| Biān | Hù | Yān | Jì | Jiá | Pǔ | Shàng | Nóng |
|---|---|---|---|---|---|---|---|
| 边 | 扈 | 燕 | 冀 | 郏 | 浦 | 尚 | 农 |

| Wēn | Bié | Zhuāng | Yàn | Chái | Qú | Yán | Chōng |
|---|---|---|---|---|---|---|---|
| 温 | 别 | 庄 | 晏 | 柴 | 瞿 | 阎 | 充 |

| Mù | Lián | Rú | Xí | Huàn | Ài | Yú | Róng |
|---|---|---|---|---|---|---|---|
| 慕 | 连 | 茹 | 习 | 宦 | 艾 | 鱼 | 容 |

| Xiàng | Gǔ | Yì | Shèn |
|---|---|---|---|
| 向 | 古 | 易 | 慎 |

| Gē | Liào | Yǔ | Zhōng |
|---|---|---|---|
| 戈 | 廖 | 庾 | 终 |

| Jì | Jū | Héng | Bù |
|---|---|---|---|
| 暨 | 居 | 衡 | 步 |

| Dū | Gěng | Mǎn | Hóng |
|---|---|---|---|
| 都 | 耿 | 满 | 弘 |

| Kuāng | Guó | Wén | Kòu |
|---|---|---|---|
| 匡 | 国 | 文 | 寇 |

| Guǎng | Lù | Quē | Dōng |
|---|---|---|---|
| 广 | 禄 | 阙 | 东 |

| Ōu | Shū | Wò | Lì |
|---|---|---|---|
| 欧 | 殳 | 沃 | 利 |

| Yù | Yuè | Kuí | Lóng |
|---|---|---|---|
| 蔚 | 越 | 夔 | 隆 |

| Shī | Gǒng | Shè | Niè |
|---|---|---|---|
| 师 | 巩 | 厍 | 聂 |

| Cháo | Gōu | Áo | Róng |
|---|---|---|---|
| 晁 | 勾 | 敖 | 融 |

| Lěng | Zī | Xīn | Kàn |
|---|---|---|---|
| 冷 | 訾 | 辛 | 阚 |

| Nā | Jiǎn | Ráo | Kōng |
|---|---|---|---|
| 那 | 简 | 饶 | 空 |

| Zēng | Wú | Shā | Niè |
|---|---|---|---|
| 曾 | 毋 | 沙 | 乜 |

| Yǎng | Jū | Xū | Fēng |
|---|---|---|---|
| 养 | 鞠 | 须 | 丰 |

| Cháo | Guān | Kuǎi | Xiāng |
|---|---|---|---|
| 巢 | 关 | 蒯 | 相 |

| Zhā | Hòu | Jīng | Hóng |
|---|---|---|---|
| 查 | 后 | 荆 | 红 |

| Yóu | Zhú | Quán | Lù |
|---|---|---|---|
| 游 | 竺 | 权 | 逯 |

（Gài）

| Gě | Yì | Huán | Gōng |
|---|---|---|---|
| 盖① | 益 | 桓 | 公 |

| Mò qí | Sī mǎ |
|---|---|
| ★万俟 | ★司马 |

| Shàng guān | Ōu yáng |
|---|---|
| ★上官 | ★欧阳 |

| Xià hóu | Zhū gě |
|---|---|
| ★夏侯 | ★诸葛 |

| Wén rén | Dōng fāng |
|---|---|
| ★闻人 | ★东方 |

| Hè lián | Huáng fǔ |
|---|---|
| ★赫连 | ★皇甫 |

| Yù chí | Gōng yáng |
|---|---|
| ★尉迟 | ★公羊 |

①盖：实应读 Gě，现多读为 Gài。

注：带★号者为复姓，以下同。

| Tán tái | Gōng yě | Zōng zhèng | Pú yáng |
| --- | --- | --- | --- |
| ★澹台 | ★公冶 | ★宗正 | ★濮阳 |

| Chún yú | Chán yú | Tài shū | Shēn tú |
| --- | --- | --- | --- |
| ★淳于 | ★单于 | ★太叔 | ★申屠 |

| Gōng sūn | Zhòng sūn | Xuān yuán | Líng hú |
| --- | --- | --- | --- |
| ★公孙 | ★仲孙 | ★轩辕 | ★令狐 |

| Zhōng lí | Yǔ wén | Zhǎng sūn | Mù róng |
| --- | --- | --- | --- |
| ★钟离 | ★宇文 | ★长孙 | ★慕容 |

| Xiān yú | Lǘ qiū | Sī tú | Sī kōng |
| --- | --- | --- | --- |
| ★鲜于 | ★闾丘 | ★司徒 | ★司空 |

| Qí guān | Sī kòu | Zhǎng dū | Zǐ chē |
| --- | --- | --- | --- |
| ★亓官 | ★司寇 | ★仉督 | ★子车 |

| | | | |
|---|---|---|---|
| Zhuān sūn | Duān mù | Wū mǎ | Gōng xī |
| ★颛孙 | ★端木 | ★巫马 | ★公西 |

| | | | |
|---|---|---|---|
| Qī diāo | Yuè zhèng | Rǎng sì | Gōng liáng |
| ★漆雕 | ★乐正 | ★壤驷 | ★公良 |

| | | | |
|---|---|---|---|
| Tuò bá | Jiā gǔ | Zǎi fǔ | Gǔ liáng |
| ★拓跋 | ★夹谷 | ★宰父 | ★榖梁 |

| | | | | | | | |
|---|---|---|---|---|---|---|---|
| Jìn | Chǔ | Yán | Fǎ | Rǔ | Yān | Tú | Qīn |
| 晋 | 楚 | 闫 | 法 | 汝 | 鄢 | 涂 | 钦 |

| | | | |
|---|---|---|---|
| Duàn gān | Bǎi lǐ | Dōng guō | Nán mén |
| ★段干 | ★百里 | ★东郭 | ★南门 |

| | | | | |
|---|---|---|---|---|
| Hū yán | Guī | hǎi | Yáng shé | Wēi shēng |
| ★呼延 | 归 | 海 | ★羊舌 | ★微生 |

| | | | |
|---|---|---|---|
| Yuè | Shuài | Gōu | Kàng |
| 岳 | 帅 | 缑 | 亢 |

| | | | |
|---|---|---|---|
| Kuàng | Hòu | Yǒu | Qín |
| 况 | 郈 | 有 | 琴 |

| | |
|---|---|
| Liáng qiū | Zuǒ qiū |
| ★梁丘 | ★左丘 |

| | |
|---|---|
| Dōng mén | Xī mén |
| ★东门 | ★西门 |

| | | | |
|---|---|---|---|
| Shāng | Móu | Shé | Nài |
| 商 | 牟 | 佘 | 佴 |

| | | |
|---|---|---|
| Bó | Shǎng | Nán gōng |
| 伯 | 赏 | ★南宫 |

| | | | |
|---|---|---|---|
| Mò | Hǎ | Qiáo | Dá |
| 墨 | 哈 | 谯 | 笪 |

| | | | |
|---|---|---|---|
| Nián | Ài | Yáng | Tóng |
| 年 | 爱 | 阳 | 佟 |

| | | |
|---|---|---|
| Dì wǔ | Yán | Fú |
| ★第五 | 言 | 福 |

| |
|---|
| bǎi jiā xìng zhōng |
| 《百家姓》终 |

# 千字文

Tiān dì xuán huáng
天地玄黄，
yǔ zhòu hóng huāng
宇宙洪荒。
Rì yuè yíng zè
日月盈①昃②，
chén xiù liè zhāng
辰宿③列张。

【注释】

①盈：月光圆满。

②昃：太阳西斜。

③辰宿：星宿。

【译文】

开天辟地的时候，天是黑红色的，地是黄褐色的，宇宙形成于混沌蒙昧的状态中。太阳东升西落，月亮圆了又缺，星辰布满在无边的太空中。

Hán lái shǔ wǎng

寒来暑往，

qiū shōu dōng cáng

秋收冬藏。

Rùn yú chéng suì

闰余成岁，

lǜ lǚ tiáo yáng

律吕[1]调阳。

【注释】

①律吕：古人用来确定乐音的乐律。中国古代将一个八度分为十二个不完全相等的半音，从低到高每个半音称为一律，其中奇数的音叫作“律”，偶数的音叫作“吕”，总称“六律”“六吕”，简称“律吕”。此指用律吕预测节气。

【译文】

寒暑变换，冬去春来；秋天收割庄稼，冬天储藏粮食。历法上通过闰月调整一年的天数，古人用“六律”“六吕”来调节阴阳。

Yún téng zhì yǔ
云腾致雨，

lù jiē wéi shuāng
露结为霜。

Jīn shēng lì shuǐ
金生丽水①，

yù chū kūn gāng
玉出昆冈②。

## 【注释】

①丽水：即丽江，又名金沙江，出产黄金。

②昆冈：昆仑山。

## 【译文】

云气上升遇冷就形成了雨，夜里露水遇冷就凝结成霜。黄金产在金沙江（丽江），玉石出在昆仑山。

Jiàn hào jù què
剑号巨阙[①]，

zhū chēng yè guāng
珠称夜光[②]。

Guǒ zhēn lǐ nài
果珍李柰[③]，

cài zhòng jiè jiāng
菜重芥姜。

【注释】

①巨阙：宝剑名。越王允常命欧冶子铸造了五把宝剑，而以巨阙最佳。

②夜光：珠名，夜光珠。

③柰：古书上指一种类似花红的果子。

【译文】

最锋利的宝剑叫“巨阙”，最贵重的明珠叫“夜光”。水果里最珍贵的是李子和柰子，蔬菜中最重要的是芥菜和生姜。

Hǎi xián hé dàn
海咸河淡，

lín qián yǔ xiáng
鳞潜羽翔。

Lóng shī huǒ dì
龙师①火帝②，

niǎo guān rén huáng
鸟官③人皇④。

**【注释】**

①龙师：相传伏羲氏用龙给百官命名，因此人们叫他“龙师”。

②火帝：神农氏用火给百官命名，因此叫他“火帝”。

③鸟官：少昊（hào）氏用鸟给百官命名，因此叫他“鸟官”。

④人皇：传说中的三皇之一。相传古时有三皇，即天皇、地皇、人皇。

**【译文】**

海水是咸的，河水是淡的，鱼儿在水中游，鸟儿在空中飞。龙师、火帝、鸟官、人皇，这都是上古时代的帝王官员。

Shǐ zhì wén zì

始 制 文 字，

nǎi fú yī cháng

乃 服 衣 裳①。

Tuī wèi ràng guó

推 位 让 国，

Yǒu yú Táo táng

有 虞② 陶 唐③。

【注释】

①衣裳：古时把上衣称为衣，裙子称为裳，读 cháng。

②有虞：有虞氏，传说中的远古部落的名字。舜是它的首领。这里指舜，又称虞舜。

③陶唐：陶唐氏，也是远古部落名。尧是它的首领。这里指尧，又称唐尧。

【译文】

传说在上古时代，黄帝的史官仓颉（jié）创制了文字，黄帝的妻子嫘（léi）祖制作了衣裳。唐尧、虞舜英明无私，主动把君位禅（shàn）让给功臣贤人。

Diào mín fá zuì
吊①民伐罪，

Zhōu fā Shāng tāng
周发②商汤③。

Zuò cháo wèn dào
坐朝问道，

chuí gǒng píng zhāng
垂拱平章④。

【注释】

①吊：慰问。

②周发：西周的第一个君主周武王姬（Jī）发。他讨伐并推翻了暴君商纣王而建立周朝。

③商汤：历史上商朝又称殷，成汤是第一个君主。他讨伐并推翻了夏朝暴君桀（jié）而建立商朝。

④平章：筹划商量。

【译文】

安抚百姓、讨伐暴君的，是周武王姬发和商王成汤。贤明的君坐在朝廷上垂衣拱手，和贤臣商讨治国之道。

Ài yù lí shǒu

爱育黎首①，

chén fú Róng Qiāng

臣伏戎羌②。

Xiá ěr yī tǐ

遐迩③一体，

shuài bīn guī wáng

率宾④归王。

【注释】

①黎首：百姓。黎，黑。

②戎羌：古代的少数民族。

③遐迩：指远近。

④率宾：一律服从。出自《诗经》："普天之下，莫非王土；率土之滨，莫非王臣。"

【译文】

英明的君主爱抚、体恤老百姓，使四方各族人民俯首称臣。普天之下都统一成了一体，所有的老百姓都服服帖帖地归顺于他的统治。

Míng fèng zài zhú

鸣凤在竹，

bái jū shí chǎng

白驹①食场。

Huà pī cǎo mù

化被②草木，

lài jí wàn fāng

赖及万方③。



【注释】

①驹：小马。②被：通“披”，覆盖。③万方：天下。

【译文】

凤凰在竹林中欢乐地鸣叫，小白马在草场上自由自在地吃草。圣君贤王的仁德之治使草木都受到了恩惠，他的恩泽遍及天下百姓。

Gài cǐ shēn fà

盖①此身发，

sì dà wǔ cháng

四大②五常③。

Gōng wéi jū yǎng

恭惟鞠养④，

qǐ gǎn huǐ shāng

岂敢毁伤。

**【注释】**

①盖：发语词，无实义。

②四大：指地、水、风、火。

③五常：指仁、义、礼、智、信。

④鞠养：抚养，养育。

**【译文】**

人的身体发肤分属于“四大”，人的一言一行都要符合“五常”。诚敬地想着父母的养育之恩，哪里还敢毁坏损伤它。

Nǚ mù zhēn jié
女慕①贞洁，
nán xiào cái liáng
男效才良。
Zhī guò bì gǎi
知过必改，
dé néng mò wàng
得能②莫忘。

【注释】

①慕：仰慕。

②得能：掌握某种技能。

【译文】

女子要仰慕那些持身严谨的贞洁女子，男子要仿效那些有才能、有道德的人。知道自己有过错，一定要改正。掌握某种技能要多练习，不要遗忘。

Wǎng tán bǐ duǎn
罔①谈彼短，
mǐ shì jǐ cháng
靡②恃③己长。
Xìn shǐ kě fù
信使可覆，
qì yù nán liáng
器④欲难量。

【注释】

①罔 ②靡：无，不，不要。
③恃：依赖，依仗。
④器：气度、气量。

【译文】

不要谈论别人的短处，也不要依赖自己的长处而不思进取。一言一行要经得起考验，气度要大，宽广的胸怀是难以估量的。

Mò bēi sī rǎn
墨悲丝染①，
shī zàn gāo yáng
诗赞羔羊②。
Jǐng xíng wéi xián
景行③维贤，
kè niàn zuò shèng
克④念作圣。

【注释】

①墨悲丝染：墨子看见白丝被放进染缸里染色，悲叹道："染于苍则苍，染于黄则黄。"

②诗赞羔羊：《诗经》赞美羔羊毛色的洁白纯正。

③景行：意思是对高山要抬头瞻仰，要向贤人的品德看齐。景，仰慕。行，行为。

④克：克制。

【译文】

墨子悲叹白丝被染上了杂色，《诗经》赞颂羔羊能始终保持洁白如一。要仰慕圣贤的德行，要克制私欲，努力仿效圣人。

Dé jiàn míng lì
德建名立，

xíng duān biǎo zhèng
形端表正。

Kōng gǔ chuán shēng
空谷传声，

xū táng xí tīng
虚堂习[1]听。

【注释】

①习：重复。

【译文】

养成了好的道德，就会有好的名声；如同形体端庄了，仪表就端正了一样。空旷的山谷中呼喊声传得很远，宽敞、空荡的厅堂里说话也有回音。

Huò yīn è jī
祸 因 恶 积 ，
fú yuán shàn qìng
福 缘① 善 庆 。
Chǐ bì fēi bǎo
尺 璧 非 宝 ，
cùn yīn shì jìng
寸 阴 是 竞 。

【注释】

①缘：由于。

【译文】

灾祸是作恶多端的结果，福禄是乐善好施的回报。一尺长的美玉不能算是真正的宝贝，而片刻时光却值得珍惜。

Zī　fù　shì　jūn
资父事①君，

yuē　yán　yǔ　jìng
曰严与敬。

Xiào　dāng　jié　lì
孝当竭力，

zhōng　zé　jìn　mìng
忠则尽命。

【注释】

①事：侍奉。

【译文】

奉养父亲，侍奉君主，要严肃、恭敬。孝顺父母应当竭尽全力，忠于君主要不惜献出生命。

Lín shēn lǚ bó
临深履薄，

sù xīng wēn qìng
夙兴①温清②。

Sì lán sī xīn
似兰斯馨，

rú sōng zhī shèng
如松之盛。

【注释】

①夙兴：夙，早晨。兴，起来。

②温清：冬暖夏凉。清：凉。

【译文】

侍奉君主要“如临深渊，如履薄冰”般小心谨慎；侍候父母要早起晚睡，让他们感到冬暖夏凉。让自己的德行像兰草一样清香，像松柏一样茂盛。

Chuān liú bù xī

川流不息，

yuān chéng qǔ yìng

渊澄①取映。

Róng zhǐ ruò sī

容止②若思，

yán cí ān dìng

言辞安定。

【注释】

①澄：清。

②容止：仪容、举止。

【译文】

像大河川流不息，影响世人，延及子孙。像碧潭清澄照人。仪容举止要沉静安详，言语措辞要稳重，显得从容沉静。

Dǔ chū chéng měi

笃[1]初诚美，

shèn zhōng yí lìng

慎终宜令[2]。

Róng yè suǒ jī

荣业所基，

jí shèn wú jìng

籍甚[3]无竟。

【注释】

①笃：忠实，诚信。

②令：美好。

③籍甚：盛大。

【译文】

无论修身还是求学，重视开头固然不错，认真去做，善始善终，有好的结果更为重要。这是繁荣事业的基础，有此根基，发展就没有止境。

Xué yōu dēng shì
学优登仕①，
shè zhí cóng zhèng
摄②职从政。
Cún yǐ gān táng
存以甘棠③，
qù ér yì yǒng
去而益咏。

**【注释】**

①学优登仕：《论语》有“学而优则仕”之语。指学业有成就，能出将入相。

②摄：代理。

③甘棠：相传周初召公曾在甘棠树下理政，人们爱戴他，不伐此树。后来人们以“甘棠”称颂官吏的美政和爱民。

**【译文】**

学业优秀，就能做官，做了官可以行使职权参与政事。周人怀念在甘棠树下理政的召公，留下甘棠树来表达人民的心情。他过世后，老百姓对他更加怀念，世世代代歌颂他。

Yuè shū guì jiàn
乐 殊① 贵 贱，
lǐ bié zūn bēi
礼 别 尊 卑。
Shàng hé xià mù
上 和 下 睦，
fū chàng fù suí
夫 唱 妇 随。

## 【注释】

①殊：差别。

## 【译文】

选择乐器要根据人们身份的贵贱而有所不同，礼节要根据人们地位的高低而有所区别。上下要和睦相处，夫妇要融洽、恩爱。

Wài shòu fù xùn

外 受 傅 训[①]，

rù fèng mǔ yí

入 奉 母 仪。

Zhū gū bó shū

诸 姑 伯 叔，

yóu zǐ bǐ ér

犹 子[②] 比 儿。

**【注释】**

①傅训：师傅的教导。

②犹子：侄子。

**【译文】**

在外要接受老师的训诲，在家要遵从父母的教导。对待姑姑、伯伯、叔叔等长辈，做侄子、侄女的要像他们的亲生子女一样孝顺。

Kǒng huái xiōng dì
孔 怀① 兄 弟，
tóng qì lián zhī
同 气 连 枝。
Jiāo yǒu tóu fèn
交 友 投 分，
qiē mó zhēn guī
切 磨② 箴③ 规。

【注释】

①怀：想念。

②切磨：本指加工玉石等器物，此引申为学问品德上的探讨研究。

③箴：规劝、劝勉。

【译文】

兄弟之间要相互关心，因为同受父母的血气，如同树枝相连。结交朋友要意气相投，要能在学习、思想上切磋琢磨，在品行上互相劝勉。

Rén cí yǐn cè

仁慈隐恻[1]，

zào cì fú lí

造次弗离。

Jié yì lián tuì

节义廉退，

diān pèi fěi kuī

颠沛[2]匪[3]亏。

【注释】

①隐恻：恻隐，怜悯、同情。

②颠沛：流离、困窘。比喻处境窘迫困顿。

③匪：非，不是。

【译文】

对待别人要仁义、慈爱，对人的恻隐之心在任何时候都不能抛离。气节、正义、廉洁、谦让这些品德，在最穷困潦倒的时候也不可或缺。

Xìng jìng qíng yì
性静情逸[1]，
xīn dòng shén pí
心动神疲。
Shǒu zhēn zhì mǎn
守真志满，
zhú wù yì yí
逐物意移。

【注释】

①逸：安乐、安闲。

【译文】

保持内心清静平定，情绪就会安逸舒适；心为外物所动，内心烦躁，精神就会疲惫困倦。保持自己天生的善良，愿望就可以得到满足，追求物欲享受，善良的本性就会转移改变。

Jiān chí yǎ cāo
坚 持 雅 操 ，
hǎo jué zì mí
好 爵 自 縻[1] 。
Dū yì Huá xià
都 邑[2] 华 夏 ，
dōng xī èr jīng
东 西 二 京 。

【注释】

①縻：牵系，得到。

②都邑：国都，京城。

【译文】

坚定地保持着高雅情操，好的职位自然就会属于你。中国古代的都城华美壮观，有东都洛阳和西都长安。

Bèi Máng miàn Luò
背邙①面洛，

fú Wèi jù Jīng
浮渭据泾。

Gōng diàn pán yù
宫殿盘郁，

lóu guàn fēi jīng
楼观②飞惊。

## 【注释】

①邙：山名，北邙山，在河南省。

②观：庙宇。

## 【译文】

洛阳北靠邙山，面临洛水；长安北横渭水，远据泾河。宫殿盘旋曲折，楼台宫阙凌空壮观，令人惊叹不已。

Tú xiě qín shòu
图写禽兽，

huà cǎi xiān líng
画彩仙灵。

Bǐng shè páng qǐ
丙舍①傍②启，

jiǎ zhàng duì yíng
甲帐③对楹④。

**【注释】**

①丙舍：宫中别室。

②傍：同“旁”。

③甲帐：最好的帐幕。

④楹：柱子。

**【译文】**

宫殿里画着飞禽走兽，还有彩绘的天仙神灵。正殿两边的配殿从侧面开启，豪华的帐幕对着高高的楹柱。

Sì yán shè xí
肆筵设席，

gǔ sè chuī shēng
鼓瑟吹笙①。

Shēng jiē nà bì
升阶纳陛②，

biàn zhuǎn yí xīng
弁③转疑星。

## 【注释】

①鼓瑟吹笙：《诗·小雅·鹿鸣》中的诗句，“我有嘉宾，鼓瑟吹笙。”笙：簧管乐器。

②陛：帝王宫殿的台阶。

③弁：古时男子戴的帽子。

## 【译文】

宫殿里摆着酒席，弹琴吹笙，一片欢腾。官员们上下台阶互相祝酒，珠帽转动，像满天的星斗。

Yòu tōng guǎng nèi
右 通 广 内①，
zuǒ dá chéng míng
左 达 承 明②。
Jì jí fén diǎn
既 集 坟 典③，
yì jù qún yīng
亦 聚 群 英。

【注释】

①广内：殿名，汉宫廷藏书之所。

②承明：殿名，西汉朝廷著述之所。

③坟典："三坟""五典"，这里泛指各类图书。

【译文】

右面通向广内殿，左面到达承明殿。这里收藏了很多的典籍名著，也聚集着大量的文武英才。

Dù gǎo Zhōng lì
杜稿①钟隶②，

qī shū bì jīng
漆书壁经。

Fǔ luó jiàng xiàng
府罗将相，

lù jiā huái qīng
路侠③槐卿。

**【注释】**

①杜稿：杜度的草书手稿。

②钟隶：书法家钟繇（yáo）的隶书真迹。

③侠：同“夹”。

**【译文】**

宫殿里边有杜度草书的手稿和钟繇隶书的真迹，有漆写古书，以及在曲阜孔子故宅墙壁内发现的古文经书。宫廷内文武大臣依次站成两列，出行时宫廷外大夫、公卿夹道站立。

Hù fēng bā xiàn
户 封 八 县 ，
jiā jǐ qiān bīng
家 给 千 兵 。
Gāo guān péi niǎn
高 冠 陪 辇① ，
qū gǔ zhèn yīng
驱 毂② 振 缨 。

【注释】

①辇：此指皇帝坐的车。

②毂：车轮。

【译文】

他们每家都有八个县以上的封地，还有上千名侍卫武装。头戴高大帽子的官员们陪着皇帝出游，驾着车飞奔时，缨带飘舞，好不威风。

Shì lù chǐ fù
世禄[①]侈富，
chē jià féi qīng
车驾肥轻。
Cè gōng mào shí
策功茂实，
lè bēi kè míng
勒[②]碑刻铭。

【注释】

①世禄：世代享用国家的俸禄。
②勒：雕刻。

【译文】

他们世代领受俸禄，奢侈豪富，出门时轻车肥马，春风得意。朝廷还详尽记载他们的功德，刻在碑石上流传后世。

Pán xī Yī yǐn

磻 溪① 伊 尹②，

zuǒ shí ē héng

佐 时 阿 衡③。

Yǎn zhái Qū fù

奄 宅 曲 阜，

wēi dàn shú yíng

微 旦④ 孰 营？

## 【注释】

①磻溪：姜太公钓鱼所在地，此代指姜太公吕尚。

②伊尹：商朝帝王商汤的宰相。

③阿衡：伊尹的官名，相当于宰相。

④旦：周公姬旦。

## 【译文】

周文王在磻溪遇到姜太公吕尚，尊他为“太公望”；伊尹辅佐时政，商汤王封他为“阿衡”。他们都是辅佐当朝皇帝的名相。在封地曲阜没有周公旦辅政，年幼的周成王哪里能成功？

Huán gōng kuāng hé
桓 公 匡[1] 合，
jì ruò fú qīng
济 弱 扶 倾。
Qǐ huí Hàn Huì
绮[2] 回 汉 惠，
yuè gǎn Wǔ dīng
说[3] 感 武 丁。

【注释】

①匡：纠正，端正。

②绮：绮里季，商山四皓之一。

③说：傅说。傅说原是奴隶，殷高宗武丁梦见了他，便画相访求，找到以后，用为宰相。

【译文】

齐桓公匡正天下诸侯，打着“帮助弱小”“拯救危亡”的旗号，会盟诸侯。汉惠帝做太子时，靠绮里季才幸免被废黜的厄运。商君武丁感梦而得贤相傅说，才使商朝走向兴盛。

Jùn yì mì wù
俊乂[1]密勿，
duō shì shì níng
多士寔[2]宁。
Jìn Chǔ gēng bà
晋楚更霸，
Zhào Wèi kùn héng
赵魏困横[3]。

【注释】

①俊乂：贤能的人。
②寔：同“实”，实在。
③横：连横。

【译文】

贤才的勤奋谨慎，换来了百官的各安其位。晋文公、楚庄王先后称霸，赵国、魏国受困于纵横家们的连横之策带来的祸患。

Jiǎ tú miè Guó
假 途 灭 虢，

jiàn tǔ huì méng
践 土 会 盟。

Hé zūn yuē fǎ
何[1] 遵 约 法，

Hán bì fán xíng
韩[2] 弊 烦[3] 刑。

【注释】

①何：指萧何，汉高祖丞相。

②韩：指韩非子。

③烦：苛。

【译文】

晋国向虞国借路去消灭虢国，没想到虞国在虢国被灭之后也被晋国灭亡。晋文公在践土召集诸侯歃血会盟。萧何遵奉汉高祖的命令，与秦关中人民约法三章，韩非子惨死在他自己所主张的苛刑之下。

Qǐ Jiǎn Pō Mù
起翦颇牧①，
yòng jūn zuì jīng
用军最精。
Xuān wēi shā mò
宣威②沙漠，
chí yù dān qīng
驰誉丹青③。

## 【注释】

①起翦颇牧：起，白起；翦，王翦；颇，廉颇；牧，李牧。

②宣威：威名远扬。

③丹青：史籍。

## 【译文】

秦将白起、王翦，赵将廉颇、李牧用兵打仗最为精通。他们的声威远扬北方的沙漠，美名和肖像永远流传在史册之中。

Jiǔ zhōu Yǔ jì
九州禹迹，
bǎi jùn Qín bìng
百郡秦并。
Yuè zōng Tài Dài
岳宗泰岱[1]，
shàn zhǔ Yún Tíng
禅主云亭[2]。

【注释】

①岱：泰山的别称。

②云亭：云山和亭山，均是泰山下的小山。

【译文】

九州之内都留下了大禹治水的足迹，全国各郡在秦灭六国后归于统一。五岳以泰山为尊，历代帝王都在云山和亭山主持封禅祭典。

Yàn mén Zǐ sài

雁门紫塞①，

Jī tián Chì chéng

鸡田②赤城。

Kūn chí Jié shí

昆池③碣石，

Jù yě Dòng tíng

巨野④洞庭。

【注释】

①紫塞：北方边塞，指长城。

②鸡田：西北塞外地名。

③昆池：即昆明滇池。

④巨野：古湖泽名。在今山东省巨野县。

【译文】

中国名胜甚多，名关有北疆的雁门，要塞有万里长城，驿站有鸡田，奇山有赤城。赏池去昆明的滇池，观海临河北的碣石，看泽去山东的巨野，望湖上湖南的洞庭湖。

Kuàng yuǎn mián miǎo

旷远绵邈①，

yán xiù yǎo míng

岩岫杳冥②。

Zhì běn yú nóng

治本于农，

wù zī jià sè

务兹稼穑③。

【注释】

①绵邈：连绵遥远的样子。

②岩岫杳冥：岩岫，山洞；杳，深远；冥，昏暗。

③稼穑：种植和收割。泛指农业劳动。

【译文】

中国的土地辽阔遥远，名山奇谷幽深秀丽，气象万千。搞好农业是治国的根本，一定要做好播种与收获。

Chū zài nán mǔ

俶① 载② 南 亩，

wǒ yì shǔ jì

我 艺 黍 稷③。

Shuì shú gòng xīn

税 熟 贡 新，

quàn shǎng chù zhì

劝 赏 黜④ 陟⑤。

**【注释】**

①俶：开始。

②载：从事。

③黍稷：农作物，指黄米和谷子一类。

④黜：贬职、罢免。

⑤陟：晋升、奖励。

**【译文】**

一年的农活该开始了，得种植小米和黄米。收获季节，用刚熟的新谷缴纳税粮，庄稼种得好的受到表彰赏赐，种得不好的就要受到处罚。

Mèng Kē dūn sù
孟轲敦素①，
shǐ Yú bǐng zhí
史鱼秉直。
Shù jǐ zhōng yōng
庶几中庸②，
láo qiān jǐn chì
劳谦谨敕。



【注释】

①敦素：敦，崇尚。素，本色。
②中庸：不偏不倚。

【译文】

孟子崇尚朴素，史官子鱼秉性刚直。做人要尽可能合乎中庸的标准，勤劳谦逊，谨慎检点，严于律己。

Líng yīn chá lǐ
聆音察理，
jiàn mào biàn sè
鉴貌辨色。
Yí jué jiā yóu
贻① 厥嘉猷②，
miǎn qí zhī zhí
勉其祗③ 植④。

【注释】

①贻：遗留。
②猷：计划、谋划。
③祗：恭敬。
④植：树立，指处世立身。

【译文】

听人说话要琢磨其中的道理，看人容貌要看透他的内心。留下别人好的忠告或建议，激励自己谨慎小心地处世立身，建功立业。

Xǐng gōng jī jiè
省①躬②讥诫，

chǒng zēng kàng jí
宠增抗极。

Dài rǔ jìn chǐ
殆辱近耻，

lín gāo xìng jí
林皋③幸即。

【注释】

①省：反省、检查。

②躬：自身。

③皋：水边的高地。

【译文】

听到别人的讥讽告诫，要反省自身；受到恩宠不要得意忘形，对抗权尊。如果因位尊宠厚招致耻辱的事快要发生时，就退隐山林，还可以幸免于祸。

Liǎng Shū jiàn jī
两 疏 见 机，

jiě zǔ shéi bī
解 组① 谁 逼。

Suǒ jū xián chǔ
索 居 闲 处，

chén mò jì liáo
沉 默 寂 寥。

【注释】

①解组：解下印授，指辞官。

【译文】

汉代疏广、疏受叔侄见机归隐田园，有谁逼迫他们辞去官职呢？离群独居，悠闲度日，整天不用多费唇舌，清静无为，甘于寂寞。

Qiú gǔ xún lùn

求古寻论，

sàn lù xiāo yáo

散虑[1]逍遥。

Xīn zòu lèi qiǎn

欣奏累遣，

qī xiè huān zhāo

戚[2]谢[3]欢招。

【注释】

①散虑：排除忧虑，不再苦苦思索。

②戚：忧愁。

③谢：拒绝。

【译文】

探求古人古事，阅读至理名言，就可以排除杂念，自在逍遥。轻松的事聚到一起，费力的事丢在一边，消除不尽的烦恼，得来无限的快乐。

Qú hé dí lì

渠荷的历①，

yuán mǎng chōu tiáo

园莽②抽条。

Pí pá wǎn cuì

枇杷晚翠，

wú tóng zǎo diāo

梧桐蚤③凋。

**【注释】**

①的历：光彩灿烂的样子。

②莽：密生的草。

③蚤：通“早”。

**【译文】**

池塘中的荷花开得鲜艳美丽，园林内的青草抽出嫩芽。枇杷树到了冬天叶子还是绿的，而梧桐树到了秋天叶子早就凋零了。

Chén gēn wěi yì
陈 根 委① 翳②，

luò yè piāo yáo
落 叶 飘 摇。

Yóu kūn dú yùn
游 鹍 独 运，

líng mó jiàng xiāo
凌 摩 绛 霄。

## 【注释】

①委：曲折。

②翳：遮蔽，掩盖。

## 【译文】

老树根蜿蜒曲折，落叶在秋风里飘荡。只有远游的鲲鹏独立翱翔，直冲布满彩霞的云霄。

Dān dú wán shì
耽读玩市，

yù mù náng xiāng
寓目囊①箱。

Yì yóu yōu wèi
易輶②攸③畏，

shǔ ěr yuán qiáng
属耳垣④墙。

【注释】

①囊：口袋。

②輶：古代一种轻便的车。

③攸：所。

④垣：矮墙，也泛指墙。

【译文】

汉代王充因家贫买不起书，常常到街上的书摊去看书，他博览群书，过目不忘。对輶轩车要有所警惕，不可轻视；说话要防止隔墙有耳。

Jù shàn cān fàn
具膳[1]餐饭，
shì kǒu chōng cháng
适口充肠。
Bǎo yù pēng zǎi
饱饫[2]烹宰，
jī yàn zāo kāng
饥厌[3]糟糠。

【注释】

①具膳：准备食物。
②饫：饱。
③厌：同“餍”，吃饱。

【译文】

平时的饭菜，要适合口味，让人吃得饱。饱的时候，吃大鱼大肉也不满足；饿的时候，只要有酒糟、米糠充饥就非常满足了。

Qīn qi gù jiù
亲戚故旧，

lǎo shào yì liáng
老少异粮。

Qiè yù jī fǎng
妾御绩纺①，

shì jīn wéi fáng
侍巾帷房②。

## 【注释】

①绩纺：泛指纺纱、绩麻诸事。

②帷房：内房。

## 【译文】

亲属、朋友会面要盛情款待，老人、小孩的食物应和自己不同。妻妾婢女要纺纱织布，管理好家务，尽心服侍好丈夫。

Wán shàn yuán jié
纨①扇圆洁，

yín zhú wěi huáng
银烛炜煌②。

Zhòu mián xī mèi
昼眠夕寐，

lán sǔn xiàng chuáng
蓝笋象床。

【注释】

①纨：指用绢制做的团扇。

②炜煌：明亮。

【译文】

圆圆的绢扇洁白素雅，乳白的蜡烛明亮辉煌。白日小憩，晚上就寝，睡在蓝色的竹席和象牙雕饰的床榻上。

Xián gē jiǔ yàn
弦 歌 酒 宴 ，
jiē bēi jǔ shāng
接 杯 举 觞①。
Jiǎo shǒu dùn zú
矫② 手 顿 足 ，
yuè yù qiě kāng
悦 豫 且 康 。

【注释】

①觞：酒杯。
②矫：举起。

【译文】

奏着乐，唱着歌，摆酒开宴。人们举起酒杯，开怀畅饮。手舞足蹈，乐在其中。真是又快乐又安康。

Dí hòu sì xù
嫡后嗣续，
jì sì zhēng cháng
祭祀烝尝[①]。
Jī sǎng zài bài
稽颡[②]再拜，
sǒng jù kǒng huáng
悚惧恐惶。

【注释】

①烝尝：代指四时祭祀。

②稽颡：屈膝下拜，以额触地的一种跪拜礼。

【译文】

子孙一代一代传续，四时祭祀不能懈怠。下跪磕头，拜了又拜；礼仪要恭敬虔诚，要怀有敬畏之心。

Jiān dié jiǎn yào
笺[1]牒[2]简要，

gù dá shěn xiáng
顾答审详。

Hái gòu xiǎng yù
骸[3]垢想浴，

zhí rè yuàn liáng
执热愿凉。

【注释】

①笺：文书、书信。

②牒：书籍。

③骸：身体。

【译文】

给人的书信要简明扼要，回答问题时要审慎周详。身上脏了就想洗个澡，捧着热东西就希望有风把它吹凉。

Lǘ luó dú tè
驴骡①犊②特，

hài yuè chāo xiāng
骇跃超骧③。

Zhū zhǎn zéi dào
诛④斩贼盗，

bǔ huò pàn wáng
捕获叛亡。

【注释】

①骡：骡子。

②犊：小牛。

③骧：马抬起头快跑。

④诛：杀死，铲除。

【译文】

家里有了灾祸，连驴子、骡子、牛等大小牲口都会受惊，东奔西跑，比马跑得还快。官府诛杀盗贼，捕获叛乱分子和亡命之徒。

Bù shè Liáo wán

布 射 僚 丸 ，

Jī qín Ruǎn xiāo

嵇 琴 阮 箫 。

Tián bǐ Lún zhǐ

恬 笔 伦 纸 ，

Gūn qiǎo Rén diào

钧① 巧 任② 钓 。

【注释】

①钧：马钧。三国时人，心灵手巧，曾发明指南车。

②任：任公子，见《庄子·外物》，相传他曾在东海钓到大鱼。

【译文】

吕布善于射箭，宜僚善玩弹丸，嵇康善于弹琴，阮籍善于吹箫。蒙恬制造了毛笔，蔡伦发明了造纸术，马钧发明了指南车，任公子擅长钓鱼。

Shì fēn lì sú
释纷[1]利俗，

bìng jiē jiā miào
并皆佳妙。

Máo shī shū zī
毛施淑姿，

gōng pín yán xiào
工[2]颦[3]妍[4]笑。

## 【注释】

①释纷：解决纠纷。

②工：善于。

③颦：皱眉。

④妍：美丽。

## 【译文】

这些人或者善于为人解决纠纷，或者善于发明创造，都能有利于社会，给社会带来便利。毛嫱、西施，姿容姣美，不管是皱眉还是微笑，都非常美丽动人。

Nián shǐ měi cuī

年 矢① 每 催，

xī huī lǎng yào

曦 晖 朗 曜②。

Xuán jī xuán wò

璇 玑③ 悬 斡④，

huì pò huán zhào

晦 魄⑤ 环 照。

【注释】

①矢：箭。

②曜：照耀。

③璇玑：古代称北斗星的第一至第四星。

④斡：旋转。

⑤晦魄：此指月亮。

【译文】

青春易逝，光阴如箭，岁月匆匆催人渐老，只有太阳的光辉永远照耀四方。高悬的北斗星随着四季变换转动，明亮的月光洒遍人间每个角落。

Zhǐ xīn xiū hù
指薪修祜①，
yǒng suí jí shào
永绥②吉劭③。
Jǔ bù yǐn lǐng
矩步引领，
fǔ yǎng láng miào
俯仰廊庙。

## 【注释】

①祜：福，大福。

②绥：平安，安好。

③劭：美好（多指道德品质）。

## 【译文】

人们只有顺应自然，修德积福，才能永远平安，生活美好，就像用木柴烧火一样，木柴可以烧完，而火种却不灭。一个人要注意仪表，走路要稳健，举止要大方，一举一动都像在神圣的庙宇中一样庄重。

Shù dài jīn zhuāng

束带矜庄①，

pái huái zhān tiào

徘徊瞻眺。

Gū lòu guǎ wén

孤陋寡闻，

yú méng děng qiào

愚蒙等诮②。

Wèi yǔ zhù zhě

谓③语助者，

yān zāi hū yě

焉哉乎也。

## 【注释】

①庄：端庄。②诮：讥讽、嘲讽。③谓：叫作。

## 【译文】

衣带穿着整齐端庄，举止从容，高瞻远瞩。如果孤陋寡闻，就只能和愚昧无知的人一样空活一世，让人耻笑。

说到古书中的语助词，那就是“焉”“哉”“乎”“也”了。

# 弟子规

# 总叙

Dì zǐ guī shèng rén xùn

弟子规①，圣人训②，

shǒu xiào tì cì jǐn xìn

首孝悌③，次谨信④。

Fàn ài zhòng ér qīn rén

泛爱众，而亲仁⑤，

yǒu yú lì zé xué wén

有余力，则学文。

**【注释】**

①规：法规，准则。 ②训：教训，训导。

③孝悌：孝顺，亲近。侍奉父母为“孝”，敬爱兄长为“悌”。

④信：可信，诚实。

⑤亲仁：亲近善良有品行的人。

**【译文】**

《弟子规》的内容是圣人对后辈晚生的教导，是学生学习的准则。首先，人要孝敬父母，友爱善待兄弟。其次，要严谨诚信。平时要爱所有的人，亲近有品行的人，以上都做好了，还有余力的话，应该学习文化知识。

# 入则孝

Fù mǔ hū, yìng wù huǎn
父母呼，应[①]勿缓；

fù mǔ mìng, xíng wù lǎn
父母命[②]，行勿懒。

Fù mǔ jiào, xū jìng tīng
父母教，须敬听；

fù mǔ zé, xū shùn chéng
父母责，须顺承[③]。

## 【注释】

①应：应答。

②命：指派，差遣。

③顺承：接受，应承。

## 【译文】

父母有事呼唤的时候，要立即答应，不应有片刻的迟缓。父母差遣的时候，行动要快，不能偷懒。

对父母的教诲，应该恭敬地听从。对父母的批评，要顺从地接受并加以领会。

Dōng zé wēn, xià zé qìng
冬则温，夏则清；
chén zé xǐng, hūn zé dìng
晨则省，昏则定。
Chū bì gào, fǎn bì miàn
出必告，返必面；
jū yǒu cháng, yè wú biàn
居有常①，业无变。

**【注释】**

①常：固定。

**【译文】**

冬天侍奉父母，要让他们感到温暖。夏天要让父母纳凉避暑。清晨要向父母问安，晚上要让父母安睡。

出门办事一定要先告诉父母去哪里，回家后也要面见父母，让父母安心。居所应选择固定的地方，职业要稳定，不要多变。

Shì suī xiǎo, wù shàn wéi;
事虽小，勿擅为；
gǒu shàn wéi, zǐ dào kuī.
苟①擅为，子道②亏。
Wù suī xiǎo, wù sī cáng;
物虽小，勿私藏；
gǒu sī cáng, qīn xīn shāng.
苟私藏，亲③心伤。

【注释】

①苟：假如。
②子道：做晚辈应该遵守的礼仪。
③亲：父母。

【译文】

不要因为事情小就擅作主张而不告诉父母，那样容易出错。如果任性、擅自行动则不符合晚辈应遵守的礼仪。

即使是微不足道的公物，也不要偷偷藏起来，据为己有。如果偷偷藏起来，品行就有了污点，会伤父母的心。

Qīn suǒ hào，lì wéi jù

亲所好，力为具①；

qīn suǒ wù，jǐn wéi qù

亲所恶②，谨为去。

Shēn yǒu shāng，yí qīn yōu

身有伤，贻③亲忧；

dé yǒu shāng，yí qīn xiū

德有伤，贻亲羞。

**【注释】**

①具：准备，具备。

②恶：讨厌、厌恶。

③贻：遗留，让。

**【译文】**

长辈所喜欢的东西，要努力准备。长辈所讨厌的（包括自己的坏习惯），要小心谨慎地去除。

如果我们的身体受伤或有病，就会让双亲担忧。如果品行有缺陷，就会让双亲蒙受耻辱。

Qīn ài wǒ, xiào hé nán

亲爱我，孝何难；

qīn zēng wǒ, xiào fāng xián

亲憎我，孝方①贤。

Qīn yǒu guò, jiàn shǐ gēng

亲有过②，谏使更③；

yí wú sè, róu wú shēng

怡吾色，柔吾声。

【注释】

①方：才。

②过：过错。

③更：改正，更改。

【译文】

若父母长辈疼爱我，则孝顺长辈不是什么难事。如果父母长辈厌恶我，则孝顺长辈才更显得自己贤明。

长辈有缺点错误，做晚辈的应该劝诫。规劝的时候，应该和颜悦色，轻声慢语。

Jiàn bù rù, yuè fù jiàn;
谏不入，悦复谏；
háo qì suí, tà wú yuàn.
号泣①随，挞②无怨。
Qīn yǒu jí, yào xiān cháng;
亲有疾③，药先尝；
zhòu yè shì, bù lí chuáng.
昼夜侍，不离床。

**【注释】**

①号泣：号啕大哭。②挞：打。③疾：病。

**【译文】**

如果长辈不听晚辈的劝诫，应该等父母情绪好转时和颜悦色地继续规劝。如果长辈还是不听的话，要哭着劝解。即使长辈打晚辈，晚辈也不能有半点怨言。

长辈患病服药的时候，子女要替病人先尝尝药。照料生病的长者要日夜服侍在床前，不能离开。

Sāng sān nián　　cháng bēi yè
丧三年，常悲咽；

jū chù biàn　　jiǔ ròu jué
居处变，酒肉绝。

Sāng jìn lǐ　　jì jìn chéng
丧尽礼①，祭尽诚；

shì sǐ zhě　　rú shì shēng
事②死者，如事生。

**【注释】**

①尽礼：尽量符合礼仪。

②事：对待。

**【译文】**

父母去世后要守丧三年，守丧期间要经常因思念父母而伤心哭泣。在这一时期，自己住的地方必须简朴，并杜绝酒肉。

父母的丧事要严格依照礼法来办，祭拜时要诚心诚意。对待死去的亲人，要像他活着时一样恭敬。

# 出则悌

Xiōng dào yǒu dì dào gōng
兄道[1]友，弟道恭；
xiōng dì mù xiào zài zhōng
兄弟睦，孝在中。
Cái wù qīng yuàn hé shēng
财物轻，怨何生；
yán yǔ rěn fèn zì mǐn
言语忍，忿[2]自泯[3]。

【注释】

①道：方法。②忿：怨恨。③泯：消失，泯灭。

【译文】

兄长要善待弟弟，弟弟要尊敬兄长。兄弟之间要和睦相处，这样也包含着对父母的孝道。

兄弟之间把财物看得很轻，怨恨自然就不会产生。言语要忍让，相互尊重，怨恨自然就会消失。

Huò yǐn shí， huò zuò zǒu，
或[1]饮食，或坐走，

zhǎng zhě xiān， yòu zhě hòu。
长者先，幼者后。

Zhǎng hū rén， jí dài jiào；
长呼人，即代叫；

rén bù zài， jǐ jí dào。
人不在，己即到。

【注释】

①或：表示列举。

【译文】

无论是吃饭还是坐立行走，顺序都应该是长辈在前、晚辈在后。

如果听见长者叫人，应代为呼叫。如果人不在，自己应立即到长者面前代为听命。

Chēng zūn zhǎng, wù hū míng
称尊长，勿呼名；

duì zūn zhǎng, wù xiàn néng
对尊长，勿见能①。

Lù yù zhǎng, jí qū yī
路遇长，疾趋②揖③；

zhǎng wú yán, tuì gōng lì
长无言，退恭立。

## 【注释】

①对尊长，勿见能：在尊长面前，不要过分显示自己的才能。见，通“现”，表露、表现。

②疾趋：小跑，疾走。

③揖：古时拱手行礼。

## 【译文】

称呼长者，不能直呼对方的名字。在长辈面前要谦虚有礼，不要过分显示自己的才能。

如果在路上遇到长辈，应快跑上去行礼问候。如果长辈没有话说，就要恭恭敬敬地站在一边静候。

Qí xià mǎ, chéng xià chē;
骑下马，乘下车；

guò yóu dài, bǎi bù yú.
过[1]犹待，百步余。

Zhǎng zhě lì, yòu wù zuò;
长者立，幼勿坐；

zhǎng zhě zuò, mìng nǎi zuò.
长者坐，命乃坐。

**【注释】**

①过：走过去。

**【译文】**

如果骑马走在路上，遇到长辈要赶快下马。如果是乘车，遇到长辈，就应该赶快下车。长辈走过之后，要在原地静候一会儿。等长辈走到百步之外，自己才能离开。

如果长者站着，晚辈就不可以坐着。如果长辈落座，命令（让）晚辈坐，晚辈才能坐下。

Zūn zhǎng qián， shēng yào dī，
尊长前，声要低，
dī bù wén， què fēi yí
低不闻[①]，却非宜。
Jìn bì qū， tuì bì chí
进必趋[②]，退必迟；
wèn qǐ duì， shì wù yí
问起对[③]，视勿移。

**【注释】**

①闻：听见。②趋：快走。③对：回答。

**【译文】**

在长辈面前，说话声音要低缓，但如果声音低得让长辈听不到，那就不合适了。

面见长辈的时候，走路要快一些；告退的时候，动作要缓慢一些；长辈问话时，要站起来回答，双眼望着长辈，不能环顾左右。

Shì zhū fù rú shì fù
事诸父①，如事父②；
shì zhū xiōng rú shì xiōng
事诸兄③，如事兄④。

【注释】

①事诸父：这里“父”是对男性长辈的通称。
②如事父：这里“父”指父亲。
③事诸兄：这里“兄”指同族兄长。
④如事兄：这里“兄”指同父母之兄长。

【译文】

服侍叔伯等父辈，要像服侍自己的父亲一样。对待表兄弟们，要像对待自己的亲兄弟一样。

## 谨而信

Zhāo qǐ zǎo, yè mián chí;
朝起早，夜眠迟；

lǎo yì zhì, xī cǐ shí。
老易至，惜此时。

Chén bì guàn, jiān shù kǒu。
晨必盥①，兼漱口。

biàn niào huí, zhé jìng shǒu。
便溺回，辄②净手。

**【注释】**

①盥：洗脸，洗手。

②辄：就。

**【译文】**

早上要早点起，晚上要迟些睡。人很快就会变老，所以要珍惜现在的大好时光。

早晨起床一定要洗脸洗手，洗脸洗手的同时还要漱口。每次大小便后马上把手洗干净。

Guān bì zhèng, niǔ bì jié
冠①必正，纽必结；
wà yǔ lǚ, jù jǐn qiè
袜与履②，俱紧切。
Zhì guān fú, yǒu dìng wèi
置冠服，有定位；
wù luàn dùn, zhì wū huì
勿乱顿③，致污秽。

【注释】

①冠：帽子。

②履：鞋子。

③顿：放置。

【译文】

帽子要戴端正，扣子要扣好。袜子要穿平整，鞋带要系结实。

放帽子和衣服，要有固定的地方，不要乱放，以免弄脏。

Yī guì jié, bù guì huá;
衣贵洁，不贵华；

shàng xún fèn, xià chèn jiā.
上循①分②，下称③家。

Duì yǐn shí, wù jiǎn zé;
对饮食，勿拣择；

shí shì kě, wù guò zé.
食适可，勿过则④。

## 【注释】

①循：遵循，符合。

②分：名分。

③称：适合，相当。

④则：界限。

## 【译文】

衣服贵在整洁而不在于漂亮。见长辈时穿的衣服要符合自己的身份。平时在家穿的衣服要适合自己的家境。

对于饮食，不要挑拣。吃饭要适量，不要超过平时的饭量。

Nián fāng shào wù yǐn jiǔ
年 方① 少 ， 勿 饮 酒 ；
yǐn jiǔ zuì zuì wéi chǒu
饮 酒 醉 ， 最 为 丑 。
Bù cóng róng lì duān zhèng
步 从 容 ， 立 端 正 ；
yī shēn yuán bài gōng jìng
揖 深 圆 ， 拜② 恭 敬 。

【注释】

①方：正当。

②拜：跪拜，古代一种表示敬意的礼节，这里指问候、拜见。

【译文】

正当青春年少的时候，千万不要贪杯。饮酒喝醉是最丑陋的行为。

走路时要从容大方，站立时要端端正正。作揖时身子要躬下去，拜见时要恭恭敬敬。

Wù jiàn yù wù bǒ yǐ

勿践阈[1]，勿跛倚[2]；

wù jī jù wù yáo bì

勿箕踞[3]，勿摇髀[4]。

Huǎn jiē lián wù yǒu shēng

缓揭帘，勿有声；

kuān zhuǎn wān wù chù léng

宽转弯，勿触棱[5]。

**【注释】**

①践阈：踩门槛。

②跛倚：斜靠。

③箕踞：两腿叉开蹲坐。

④髀：大腿。

⑤棱：指器物的棱角。

**【译文】**

不要踩踏门槛，站立时不要斜靠着。坐着时不要两腿叉开像簸箕，也不要摇晃大腿。

进门揭门帘时，动作要缓慢，不要弄出声响。走路转弯时要转大弯，不要碰到器物的棱角。

Zhí xū qì, rú zhí yíng
执虚[1]器，如执盈[2]；

rù xū shì, rú yǒu rén
入虚室，如有人。

Shì wù máng, máng duō cuò
事勿忙，忙多错；

wù wèi nán, wù qīng lüè
勿畏难，勿轻略[3]。

## 【注释】

①虚：空。

②盈：满。

③轻略：轻慢，草率。

## 【译文】

手中拿着空的器具，就像拿着盛满东西的器具一样小心。走进没有人的房间，就像走进有人的房间一样遵守礼仪。

做事情不要匆匆忙忙，匆忙之中容易出错。做事情不要怕难，对待简单的事也不要轻慢草率、敷衍了事。

Dòu nào chǎng，jué wù jìn；
斗闹场，绝勿近；

xié pì shì，jué wù wèn。
邪僻①事，绝勿问。

Jiāng rù mén，wèn shú cún；
将入门，问孰②存；

jiāng shàng táng，shēng bì yáng。
将上堂，声必扬。

**【注释】**

①邪僻：指怪异的或不正当的事情。

②孰：谁。

**【译文】**

凡是打架喧闹的场合，绝对不要靠近。凡是不正当的低级邪恶的事情，绝对不要过问。

将要进入别人家大门的时候，要问一句："有人吗？"将要进入堂屋的时候，声音一定要大一些（让屋内人知道有人来了）。

Rén wèn shéi, duì yǐ míng;
人问谁，对①以名；

wú yǔ wǒ, bù fēn míng.
吾与我，不分明。

Yòng rén wù, xū míng qiú;
用人物，须明求；

tǎng bù wèn, jí wéi tōu.
倘②不问，即为偷。

【注释】

①对：回答。

②倘：假若，如果。

【译文】

当别人问你是谁的时候，要告诉对方自己的名字。如果只回答“是我”，对方则搞不清你到底是谁。

用别人的东西，必须明确地提出请求。如果问都不问一声，不经过别人允许就拿走，那就被视为偷。

Jiè rén wù, jí shí huán;
借人物，及时还；

hòu yǒu jí, jiè bù nán
后有急，借不难①。

Fán chū yán, xìn wéi xiān;
凡出言，信为先；

zhà yǔ wàng, xī kě yān
诈与妄②，奚③可焉？

**【注释】**

①悭：吝啬，小气。

②妄：无根据，荒诞。

③奚：怎么。

**【译文】**

借别人的东西，要及时归还。以后如有急用，再向别人借不难。

凡张口说话，首先要讲求信用。欺诈与胡说，又怎么可以呢？

Huà shuō duō， bù rú shǎo；
话说多，不如少；

wéi qí shì， wù nìng qiǎo。
唯①其是，勿佞巧②。

Kè bó yǔ， huì wū cí；
刻薄语，秽污词；

shì jǐng qì， qiè jiè zhī。
市井气，切戒之。

## 【注释】

①唯：只有，只是。

②佞巧：逢迎，投人所好。

## 【译文】

话说得多，不如说得少。说话力求实事求是，不要花言巧语。

尖酸刻薄的语言和骂人的下流话，千万不要说出口。街头无赖粗俗的习气，切记要除掉。

Jiàn wèi zhēn， wù qīng yán；
见未真，勿轻言；

zhī wèi dí， wù qīng chuán。
知未的[①]，勿轻传。

Shì fēi yí， wù qīng nuò；
事非宜[②]，勿轻诺[③]；

gǒu qīng nuò， jìn tuì cuò。
苟轻诺，进退错。

**【注释】**

①的：真实、实在。

②宜：适宜、合适。

③诺：许诺。

**【译文】**

没亲眼看清楚的事情，不要轻易发表意见。眼睛看见但了解得不确切的事情，不要随便传播。

对于不妥之事，不要轻易许诺。如果轻易许诺的话，则会让人陷入进退两难的境地。

Fán dào zì, zhòng qiě shū;
凡道字[1]，重且舒[2]；
wù jí jí, wù mó hu.
勿急疾，勿模糊。
Bǐ shuō cháng, cǐ shuō duǎn;
彼说长，此说短；
bù guān jǐ, mò xián guǎn.
不关己，莫闲管。

**【注释】**

①道字：说话吐字。

②舒：流畅。

**【译文】**

凡是说话的时候，声音要大而舒缓。说话的语速不要太快，吐字不能含混不清。

不要说东家长西家短，与自己无关的事情，不要去多管闲事。

Jiàn rén shàn jí sī qí
见人善，即思齐；
zòng qù yuǎn yǐ jiàn jī
纵去远，以渐跻[1]。
Jiàn rén è jí nèi xǐng
见人恶，即内省[2]；
yǒu zé gǎi wú zé jǐng
有则改，无则警[3]。

【注释】

①跻：登，上升。

②内省：自我反省。

③警：警示。

【译文】

看到别人好的地方，就要努力和对方齐头并进 。即使同对方有很大差距，慢慢努力也能赶上。

看见别人不好的地方，要自我反省。如果发现自己有同样的错误，就要改正。如果没有类似错误，也要引以为戒。

wéi dé xué，wéi cái yì；
唯德学，唯才艺；
bù rú rén，dāng zì lì
不如人，当自励①。
Ruò yī fu，ruò yǐn shí
若衣服，若饮食；
bù rú rén，wù shēng qī
不如人，勿生戚②。

## 【注释】

①自励：自我勉励。
②戚：忧伤。

## 【译文】

只有品德、学识、才能、技艺才是最重要的。不如别人的时候，就应时刻激励自己。

如果衣服、饮食不如别人的话，千万不要忧伤、自卑。

Wén guò nù, wén yù lè;
闻过①怒，闻誉乐；
sǔn yǒu lái, yì yǒu què.
损友②来，益友却。
Wén yù kǒng, wén guò xīn;
闻誉恐，闻过欣；
zhí liàng shì, jiàn xiāng qīn.
直谅士，渐相亲。

## 【注释】

①过：错误。

②损友：不好的朋友。

## 【译文】

听别人说自己的缺点就生气，听别人恭维自己就高兴。这样一来，你身边就只能有不好的朋友，有益的朋友就会离你而去。

听到别人的赞誉就惶恐不安，会自省；听到别人指出自己的错误欣然接受。这样一来，那些正直豁达的人就会逐渐和你亲近起来。

Wú xīn fēi míng wéi cuò
无心非[①]，名为错；
yǒu xīn fēi míng wéi è
有心非，名为恶。
Guò néng gǎi guī yú wú
过能改，归于无；
tǎng yǎn shì zēng yī gū
倘掩饰，增一辜[②]。

【注释】

①非：这里指做错事。

②辜：罪过，过错。

【译文】

无意中做了坏事叫犯错，有意做坏事就叫行恶了。

犯了错误能够及时改正，就等于没有做过错事一样。假如掩饰自己的错误，就是错上加错。

## 泛爱众

Fán shì rén， jiē xū ài；
凡是人，皆须爱；
tiān tóng fù， dì tóng zài。
天同覆[①]，地同载。
Xíng gāo zhě， míng zì gāo；
行高者，名自高；
rén suǒ zhòng， fēi mào gāo。
人所重，非貌高[②]。

**【注释】**

①覆：遮盖。

②貌高：外表漂亮。

**【译文】**

只要是人都需要相互关爱。因为人们都生活在天地之间，被上天所庇佑，被大地共同承载。

行为高尚的人，声望自然就高。人们所重视的是人的品行，并非漂亮的外表。

Cái dà zhě wàng zì dà

才大者，望①自大；

rén suǒ fú fēi yán dà

人所服，非言大②。

Jǐ yǒu néng wù zì sī

己有能，勿自私；

rén yǒu néng wù qīng zǐ

人有能，勿轻訾③。

【注释】

①望：名望，声誉。

②言大：吹嘘。

③訾：诋毁，怨恨。

【译文】

才学渊博的人，名声必然远扬。人们所信服的是真才实学，并非自我吹嘘的人。

自己有才能，不要自私自利，只为自己所用。别人有才能，不要心生嫉妒，肆意诋毁。

Wù chǎn fù，wù jiāo pín；
勿谄富，勿骄贫；

wù yàn gù，wù xǐ xīn。
勿厌故①，勿喜新。

Rén bù xián，wù shì jiǎo；
人不闲，勿事搅；

rén bù ān，wù huà rǎo。
人不安，勿话扰。

【注释】

①故：故旧，指老朋友。

【译文】

不要巴结有钱的富人，也不要在穷人面前骄横无礼。不要嫌弃旧的朋友，不要只喜欢新结交的朋友。

别人没空闲的时候，不要用事情打搅对方。别人内心不平静的时候，不要用闲言碎语干扰对方。

Rén yǒu duǎn, qiè mò jiē
人有短，切莫揭；

rén yǒu sī, qiè mò shuō
人有私①，切莫说。

Dào rén shàn, jí shì shàn
道人善，即是善；

rén zhī zhī, yù sī miǎn
人知之，愈思勉②。

【注释】

①私：隐私。

②勉：努力。

【译文】

别人的短处，千万不要揭。别人的隐私，千万不要说出去。称道别人的善行，就是一件善事。别人知道了你的称赞后，就会越发努力，勤奋向上。

Yáng rén è，jí shì è；
扬人恶，即是恶；
jí zhī shèn，huò qiě zuò。
疾之甚，祸且作[①]。
Shàn xiāng quàn，dé jiē jiàn；
善相劝，德皆建；
guò bù guī，dào liǎng kuī。
过不规[②]，道两亏。

【注释】

①作：起，产生。

②规：规劝。

【译文】

宣扬别人的短处，本身就是一件恶事。如果宣扬得太过分，就会成为祸根，惹出祸患。

朋友之间要互相勉励、劝善。这样双方的德行都会朝好的方向发展。如果见到对方的缺点却不规劝，那么在品德方面两个人都会有所损害。

Fán qǔ yǔ, guì fēn xiǎo;
凡取与①，贵分晓；

yǔ yí duō, qǔ yí shǎo.
与宜多，取宜少。

Jiāng jiā rén, xiān wèn jǐ;
将加人，先问己；

jǐ bù yù, jí sù yǐ.
己不欲②，即速已③。

【注释】

①与：给予。

②欲：希望、想要。

③已：结束。

【译文】

凡是从别人那里拿东西，或是给别人东西，关键在于分清楚、说明白。给予别人的应该多，从别人那里获取的应该少。

想要别人做的事情，先要问一问自己愿不愿意做。如果自己都不愿意做，就应该赶紧停止。

Ēn yù bào, yuàn yù wàng
恩欲报，怨欲忘；
bào yuàn duǎn, bào ēn cháng
报怨短，报恩长。
Dài bì pú, shēn guì duān
待婢仆，身贵端[1]；
suī guì duān, cí ér kuān
虽贵端，慈而宽。

【注释】

①端：端庄、正直。

【译文】

对恩惠应该回报，对怨怒应该忘却。对别人怨恨的时间越短越好，回报恩德的时间越长越好。

对待家中的婢女和仆人，最重要的是自己的品行要端正。不仅品行要端正，而且还要仁慈宽厚。

Shì fú rén， xīn bù rán
势服人，心不然①；
lǐ fú rén， fāng wú yán
理服人，方无言。

**【注释】**

①然：这样。

**【译文】**

用势力压服人，别人内心会不服。以理服人，别人才会心服口服，无话可说。

## 亲仁

Tóng shì rén, lèi bù qí;
同是人，类不齐；

liú sú zhòng, rén zhě xī.
流俗众，仁者稀。

Guǒ rén zhě, rén duō wèi;
果[1]仁者，人多畏；

yán bù huì, sè bù mèi.
言不讳[2]，色不媚。

**【注释】**

①果：真正的。

②讳：因有顾忌而不敢说或不愿意说。

**【译文】**

同样是人，也各有不同。流于世俗的普通人多，品德高洁、宽厚仁慈的人少。

真正的仁者，别人都对他有几分敬畏。因为他说话直言不讳，脸色表情不谄媚奉承。

Néng qīn rén, wú xiàn hǎo;
能亲仁，无限好；
dé rì jìn, guò rì shǎo.
德日进，过日少。
Bù qīn rén, wú xiàn hài;
不亲仁，无限害；
xiǎo rén jìn, bǎi shì huài.
小人进①，百事坏。

【注释】

①进：此指乘虚而入。

【译文】

能够接近仁爱的人，会有许多益处。个人的品德会每天都有所进步，过失会每天逐渐减少。

不接近品德高尚的仁人志士，则会有许许多多的害处。小人将会亲近他，什么坏事都可能干出来。

# 余力学文

Bù lì xíng dàn xué wén
不力行[①]，但学文；
zhǎng fú huá chéng hé rén
长浮华，成何人？
Dàn lì xíng bù xué wén
但[②]力行，不学文；
rèn jǐ jiàn mèi lǐ zhēn
任[③]己见，昧理真。

## 【注释】

①力行：努力实践。

②但：只。

③任：听任。

## 【译文】

如果不去实践，只学习典籍文献中的知识，就会使人增长浮华的作风，将来会成为怎样的人？

如果只讲究实践，不努力学习典籍文献中的知识，凭自己的见解去处事，就会违背事理。

Dú shū fǎ, yǒu sān dào,

读书法，有三到，

xīn yǎn kǒu, xìn jiē yào

心眼口，信①皆要。

Fāng dú cǐ, wù mù bǐ

方②读此，勿慕彼；

cǐ wèi zhōng, bǐ wù qǐ

此未终，彼勿起。

**【注释】**

①信：确实。②方：刚，才。

**【译文】**

读书的方法有三到，即心到、眼到、口到。这三到的确都是必需的。

刚读这本书，不要去羡慕另一本书。这本书没看完，不要去看另一本书。

Kuān wéi xiàn jǐn yòng gōng
宽为限，紧用功；
gōng fu dào zhì sè tōng
工夫到，滞塞①通。
Xīn yǒu yí suí zhá jì
心有疑，随札记②；
jiù rén wèn qiú què yì
就③人问，求确义。

## 【注释】

①滞塞：此指疑惑、不懂之处。

②札记：读书笔记，记录。

③就：接近。这里指虚心向别人请教。

## 【译文】

在制订计划时应把学习的期限放宽一些，在学习时要抓紧时间严格执行计划。工夫到了，不懂的地方自然迎刃而解。

心中有疑问，要随时做学习笔记。虚心向别人请教，以求确切的答案。

Fáng shì qīng qiáng bì jìng
房室清①，墙壁净；

jī àn jié bǐ yàn zhèng
几案洁，笔砚正。

Mò mó piān xīn bù duān
墨磨偏，心不端；

zì bù jìng xīn xiān bìng
字不敬②，心先病③。

【注释】

①清：清洁。

②敬：恭敬，此指整齐。

③病：此指浮躁不安，心神散乱。

【译文】

房间里要收拾清洁，墙壁要干干净净。案几书桌要保持整洁，笔墨纸砚要放端正。

如果把墨磨歪了，说明心不在焉。如果字写得潦草，说明心中有杂念。

Liè diǎn jí, yǒu dìng chù;
列[1]典籍，有定处；

dú kàn bì, huán yuán chù.
读看毕，还原处。

Suī yǒu jí, juàn shù qí;
虽有急，卷[2]束齐；

yǒu quē huài, jiù bǔ zhī.
有缺坏，就补之。

【注释】

①列：摆放。

②卷：指书籍。

【译文】

摆放典籍藏书，要有固定的地方。读完以后，要放回原来的地方。

即便有急事，也要将书籍整理好。如果有缺损的地方，应该马上将书修补好。

Fēi shèng shū bǐng wù shì
非圣书①，屏②勿视；
bì cōng míng huài xīn zhì
蔽聪明，坏心志。
Wù zì bào wù zì qì
勿自暴，勿自弃；
shèng yǔ xián kě xùn zhì
圣与贤，可驯③致④。

**【注释】**

①圣书：这里指儒家经典。

②屏：通“摒”，这里指摒弃。

③驯：逐渐。

④致：达到。

**【译文】**

不是圣贤的典籍，就应该扔掉不看。那些不好的书会挡住人的聪明，损坏人的意志。

不能自甘堕落，也不能放弃自己。圣人和贤达者的境界，可以通过努力达到。